生徒が輝く！

通知表の書き方&所見文例集

中学校2年

玉置 崇 編

明治図書

はじめに

　2021年４月、中学校で新しい学習指導要領が全面実施されました。学習指導要領の中で、生徒に育成すべき資質・能力が明確にされ、それに呼応する形で「3観点の学習評価」が示されました。

　生徒や保護者が学習評価を一番意識するのは、なんといっても通知表です。保護者は、通知表から自分の子どもが学校でどのような状況なのかを捉えます。時には学級担任や教科担任に質問や相談をすることもあるでしょう。このように、説明責任を強く求められる時代ですから、これまで以上に望ましい学習評価、通知表所見の在り方を追究する必要があります。

　本書は、そのために最適な書籍です。第１部では、新しい学習評価と通知表の作成のポイントをまとめました。第２部では、「生活」「学習」「特別活動」「特別なニーズがある生徒」の４章構成で、下記のような意図をもって文例を集めました。

●生徒の努力や長所を認める文例だけでなく、欠点や短所を踏まえつつ、前向きに表現した「生徒を励ます文例」も示す（生活）
●観点別学習状況評価との齟齬が生じないように、新しい３つの観点別に◎／○／△の３段階で文例を示す（学習）
●保護者に生徒の活躍ぶりがより明確に伝わるように、具体的な場面や描写を工夫した文例を示す（特別活動）
●生徒の特性や苦手さに配慮し、保護者に指導の様子なども伝わるように工夫した文例を示す（特別なニーズがある生徒）

　なお、巻末付録として、日常の言葉がけにも活用できる「ネガポジ言い換え一覧」を掲載しました。

　本書は、まさに学校現場の現実を踏まえた「通知表作成のためのバイブル」と言ってもよい書籍です。

　2021年５月

玉置　崇

もくじ
CONTENTS

はじめに

第2部
通知表の所見文例

第1章
ネガ→ポジ変換つき
生活にかかわる所見文例

第2章
観点・段階別
学習にかかわる所見文例

第3章
生徒の活躍がよく伝わる
特別活動にかかわる所見文例

第4章
特別なニーズがある生徒のための所見文例

付録
ネガポジ言い換え一覧

第1部
新しい学習評価と
通知表作成のポイント

1 3観点の新しい学習評価

1 新しい学習指導要領と3つの観点

　平成29年（2017年）3月に改訂された中学校学習指導要領は、令和3年（2021年）4月より全面実施となりました。学習指導要領の改訂に伴い、学習評価の在り方も変更されました。ここでは、最初に文部科学省から出された「児童生徒の学習評価の在り方について（報告）の概要」（以下「概要」）から、注目しておくべき事柄をまとめておきます。

　観点別学習状況評価（以下「観点別評価」）の改善について

　　今回の学習指導要領改訂では各教科等の目標や内容を「知識及び技能」、「思考力、判断力、表現力等」、「学びに向かう力・人間性等」の資質・能力の三つの柱で再整理したことを踏まえ、観点別評価についても、これらの資質・能力に関わる「知識・技能」、「思考・判断・表現」、「主体的に学習に取り組む態度」の三観点について、学習指導要領に示す目標に準拠した評価として三段階（ＡＢＣ）により実施する。

　資質・能力が3つの柱で整理されたことから、観点別評価を変更することと示されています。新学習指導要領が周知される際によく登場した次ページの図（文部科学省）に示されていた資質・能力という文言を思い出す方は多いでしょう。図の上部に記された「新しい時代に必要となる資質・能力の育成と、学習評価の充実」にも注目してください。資質・能力の育成は、学習評価の充実によって成り立つものであると読み取れます。

学習指導要領改訂の考え方

新しい時代に必要となる資質・能力の育成と、学習評価の充実

学びを人生や社会に生かそうとする
学びに向かう力・人間性等の涵養

生きて働く**知識・技能**の習得 ━ 未知の状況にも対応できる
思考力・判断力・表現力等の育成

何ができるようになるか

よりよい学校教育を通じてよりよい社会を創るという目標を共有し、
社会と連携・協働しながら、未来の創り手となるために必要な資質・能力を育む

「**社会に開かれた教育課程**」の実現

各学校における「**カリキュラム・マネジメント**」の実現

何を学ぶか	どのように学ぶか

**新しい時代に必要となる資質・能力を踏まえた
教科・科目等の新設や目標・内容の見直し**

小学校の外国語教育の教科化、高校の新科目「公共」の
新設など

各教科等で育む資質・能力を明確化し、目標や内容を構造
的に示す

学習内容の削減は行わない※

**主体的・対話的で深い学び（「アクティブ・
ラーニング」）の視点からの学習過程の改善**

生きて働く知識・技能の習
得など、新しい時代に求
められる資質・能力を育成

知識の量を削減せず、質
の高い理解を図るための
学習過程の質的改善

主体的な学び
対話的な学び
深い学び

※高校教育については、従来は事実的知識の暗記が大学入学者選抜で問われることが課題になっており、
そうした点を克服するため、重要用語の整理等を含めた高大接続改革等を進める。

　この図でも示されているように、「生きて働く**知識・技能**の習得」「未知の状況にも対応できる**思考力・判断力・表現力**等の育成」「学びを人生や社会に生かそうとする**学びに向かう力・人間性**等の涵養」の三本柱があり、それが学習評価の３観点と連動しているのです。

　注意深い方は、「人間性」も３観点に入るのかと疑問に思うことでしょう。このことについて、平成28年の中教審答申には次のように書かれています。

　「学びに向かう力・人間性」には①「主体的に学習に取り組む態度」として観点別評価（学習状況を分析的に捉える）を通じて見取ることができる部分と、②観点別評価や評定にはなじまず、こうした評価では示しきれないことから個人内評価（個人のよい点や可能性、進歩の状況について評価する）を通じて見取る部分があることに留意する必要がある。

　つまり、感性、思いやりなどの人間性は、個人内評価として見取ることとし、３観点の中には入っていないのです。

2 「知識・技能」の評価

　これまでは「知識・理解」「技能」としていた観点が、「知識・技能」となりました。重視すべき事柄は同様で、これまでと大きく異なることはありません。前掲の「概要」には、次のように示されています。

　　「知識・技能」の評価は、各教科等における学習の過程を通した個別の知識及び技能の習得状況について評価を行うとともに、それらを既有の知識及び技能と関連付けたり活用したりする中で、概念等として理解したり、技能を習得したりしているかについて評価する。このような考え方は、現行の「知識・理解」、「技能」の観点別評価においても重視してきたところ。

　これを受けて「知識・技能」の評価方法を考えると、単元テストや定期テストなどのペーパーテストの工夫が重要になります。個々の知識や技能がどれほど身についているかを把握できるテストかどうか、検討することです。

　例えば、知識を問うとしても、同様のことばかりを確認する問題になっていないでしょうか。数学で例を示すと、文字式の計算において、適切に（　）を外して式を整理させる問題ばかり出題するといったことです。これは、この問題を通してどういう知識の定着を確かめるのかを明確にせずにテストを作成した例です。

　「知識・技能」を問うペーパーテストにおいても、知識や技能を用いて説明しなくてはならない場面を設けることも大切です。逆に、このようなことをペーパーテストで問うとすれば、どのような授業をしなければならないかを考えることにもなります。これが、いわゆる「指導と評価の一体化」と言われることです。

3 「思考・判断・表現」の評価

　各教科等の知識及び技能を活用して課題を解決する等のために必要な思考

力、判断力、表現力を身につけているかどうかを評価します。なお、「知識及び技能を活用して課題を解決する」という過程について、前出の中教審答申では、次の3つの過程があると示しています。

・物事の中から問題を見いだし、その問題を定義し解決の方向性を決定し、解決方法を探して計画を立て、結果を予測しながら実行し、振り返って次の問題発見・解決につなげていく過程

・精査した情報を基に自分の考えを形成し、文章や発話によって表現したり、目的や場面、状況等に応じて互いの考えを適切に伝え合い、多様な考えを理解したり、集団としての考えを形成したりしていく過程

・思いや考えを基に構想し、意味や価値を創造していく過程

これを読むと、授業において意識して評価することの重要性を感じられるのではないでしょうか。

例えば、「物事の中から問題を見いだす」ことができているかどうかをペーパーテストで評価することはなかなかできません。したがって、授業で「これらの事実からどのようなことを考えていくとよいと思いますか？」といった発問をして、その反応を見るなど、「思考・判断・表現」を意図的に捉えることが必要です。

文部科学省の報告書では、論述やレポート、発表、グループでの話し合い、作品の制作や表現等の多様な活動を取り入れたり、それらを集めたポートフォリオを活用したりするなど、各教科等の特質に応じて評価方法を工夫することが示されています。

4 「主体的に学習に取り組む態度」の評価

「主体的に学習に取り組む態度」の評価について、「児童生徒の学習評価の在り方について（報告）」では、かなりの紙幅を割いて説明しています。

次はその一部です。

「主体的に学習に取り組む態度」の評価に際しては、単に継続的な行動

や積極的な発言等を行うなど、性格や行動面の傾向を評価するということではなく、知識及び技能を獲得したり、思考力、判断力、表現力等を身に付けたりするために、自らの学習状況を把握し、学習の進め方について試行錯誤するなど自らの学習を調整しながら、学ぼうとしているかどうかという意思的な側面を評価することが重要である。現行の「関心・意欲・態度」の評価も、各教科等の学習内容に関心をもつことのみならず、よりよく学ぼうとする意欲をもって学習に取り組む態度を評価することを本来の趣旨としており、この点を改めて強調するものである。

これまでの「関心・意欲・態度」と本来の趣旨は同様であると明記されていることに注目しましょう。そのうえで、「関心・意欲・態度」の評価方法の課題を踏まえて、次のように示されています。

「主体的に学習に取り組む態度」については、挙手の回数やノートの取り方などの形式的な活動ではなく、児童生徒が「子供たちが自ら学習の目標を持ち、進め方を見直しながら学習を進め、その過程を評価して新たな学習につなげるといった、学習に関する自己調整を行いながら、粘り強く知識・技能を獲得したり思考・判断・表現しようとしたりしているかどうかという、意思的な側面を捉えて評価することが求められる」とされている。

また、答申において、「このことは現行の『関心・意欲・態度』の観点についても同じ趣旨であるが」、上述のような「誤解が払拭しきれていないのではないか、という問題点が長年指摘され現在に至ることから、『関心・意欲・態度』を改め『主体的に学習に取り組む態度』としたものである」と指摘されている。

挙手の回数やノートの取り方などの形式的な活動で評価するのではなく、学習に関する自己調整を行い、粘り強く学習に取り組む意思的な側面を捉えることが、主体的に学習に取り組む態度の評価として重要であると述べられています。

では、学習に関する自己調整をしているかどうかは、どのように捉えれば

よいのでしょうか。

　簡単に言えば、生徒に授業の「振り返り」をさせることを習慣化することが方法の１つです。「生徒による自己評価」という文言がありますが、授業のたびに、自身の今日の学びを振り返ることで自己調整能力は高まります。

　例えば、「○○さんの意見でわからなかったことがはっきりわかってよかった。いつも思うけど、友だちの意見は大切です」といった記述があれば、級友から学ぶことの大切さを感じているわけで、これからも進んで友だちの考えに耳を傾けようという意識があると読み取ることができます。

　「なぜ、そんなことが起こったのか、考えれば考えるほどわからなくなってきた。次の授業でも考えたい」と書いた生徒がいれば、まさに次の授業のねらいが生徒から出されたわけで、大いに評価すべきです。

　このようなことから、「主体的に学習に取り組む態度」の評価は、生徒自らの振り返りを基に評価することが日常的にできる方法だと言えます。

5　「記録」としての評価の留意点

　ここまで示した３観点の評価方法を読んで、多忙な業務の中ではとても継続できないという印象をもたれた方もいることでしょう。このことについては、「概要」で、日々の授業での評価を積み上げるのではなく、長期的な視点をもつことが示されているので付記します。

　　毎回の授業で全ての観点を評価するのではなく、原則として単元や題材
　　等のまとまりごとに、それぞれの実現状況が把握できる段階で評価を行う
　　こととするが、学習指導要領に定められた各教科等の目標や内容の特質に
　　照らしては、複数の単元や題材にわたって長期的な視点で評価することを
　　可能とすることも考えられる。

2 通知表作成の ポイント

1 学習の記録の評価のポイント

　学習の記録の評価は、「1　3観点の新しい学習評価」で述べてきたように、3つの観点の主旨を十分に踏まえて行います。

　とりわけ中学校においては、同教科教員の話し合いが重要です。学校によっては、新任やはじめて中学校勤務となった教員がいることが考えられます。こうした教員は、中学校における評価について大きな不安を抱えています。

　したがって、「評価のものさしを教科間でそろえる」ことが大切です。例えば、定期テストや単元テストの内容検討の際に、「『知識・技能』を評価する問題群として適切かどうか」「この問題群であれば、どれほどの点数でどのような評価とするか（例えば、40点満点中30点でAとする、など）」といったことを事前に協議しておくことが大切です。実はこうした話し合いこそ、適切な評価観をもつことに役立ちます。なお、音楽科や美術科などでは、その学校に同教科の教員がいない場合があります。そのときも、だれかに「このような評価の仕方をします」と説明を聞いてもらい、保護者の視点も踏まえて助言を受けるとよいでしょう。

　また、あまりにも形式的に評価方法を決めないことも重要です。定期テストで90点以上の点数を取った生徒の「知識・理解」の観点評価を「B」とした若い教員がいました。その理由を尋ねたところ、学習当初の小テストの点数が低く、それが影響したとのことでした。点数を累積して評価したわけで

すが、最終テストの「知識・理解」は満点なのですから、「Ａ」評価にするべきです。これは累積型評価のマイナス面が垣間見えるケースです。

2 行動の記録の評価のポイント

　行動の記録の評価は、「生徒の行動の様子について、長所を中心に分析的かつ総合的に捉え、これからの指導に生かし、生徒自らがよさや可能性に気づき積極的に伸ばしていくようにするためのものである」という主旨に鑑みて、多様な場面から生徒のよさを発見しようとする姿勢が必要です。

　評価は事実を基に行います。保護者から「我が子の『責任感』を『十分満足できる』と評価していただきありがとうございます。先生はどのようなことでそのように評価してくださったのでしょうか？」といった質問があっても不思議ではありません。その際に、「こうした事実がありましたので…」と伝えられなくてはいけません。

　そのためには、一人ひとりについてメモしておくことが大切です。私はノートを活用してきました。ノートの見開きの左上隅に生徒名を書きます。あとは気づいたときに簡単なメモ（期日、事実）をしておくだけです。ポイントは、生徒ごとに見開き２ページを厳守することです。すると、１か月経っても何もメモがない生徒がわかり、その生徒を意識して見ることができるようになります。

3 記述による評価のポイント

　記述による評価の1つとして、「特別の教科　道徳」があります。

　学習活動における生徒の学習状況や道徳性に係る成長の様子を個人内評価として文章で端的に記述することになっています。

　評価のポイントとして、次の2点があります。

・個々の内容項目ごとではなく、年間や学期にわたって生徒がどれだけ成長したかという、大くくりなまとまりを踏まえた評価を行う。

・他者との比較ではなく、生徒一人ひとりがいかに成長したかを認めて励ます、個人内評価を行う。

　例えば、次のような記述が望ましいと言えます。

○自分の立場と相手の立場を比べるなど、様々な角度からものごとを捉えて考えようとしていました。

　→一面的な見方から多面的・多角的な見方へと発展させたことを評価しています。

○読み物教材の登場人物を自分に置き換えて考え、現在の自分自身を振り返り、自らの行動や考えを見直していました。

　→自分自身との関わりの中で、道徳的価値の理解を深めていることを評価しています。

　次に「総合的な学習の時間」があります。

　実施した学習活動及び各学校が自ら定めた評価の観点を記入し、それらの観点のうち、生徒の学習状況に顕著な事項がある場合などにその特徴を記述します。つまり、生徒にどのような力が身についたのかを、文章で端的に記述するのです。

　「総合的な学習の時間」の記録の欄は、次のように記述することが望ましいとされています。

○学習活動

　実施した学習活動のうち、生徒の学習や成長に影響を与えたと思われる活動を取り上げ、簡潔に記述する。

○観点

　各学校が定めた観点を記述する。

○評価

　観点のうち、生徒の学習状況に顕著な事項がある場合などにその特徴を記述する等、生徒にどのような力が身についたかを文章で端的に記述する。

　なお、「総合的な学習の時間」の評価の観点については、国立教育政策研究所の『「指導と評価の一体化」のための学習評価に関する参考資料』（中学校、総合的な学習の時間）において、次のように述べられています。

　　各学校において定める内容について、今回の改訂では新たに、「目標を実現するにふさわしい探究課題」、「探究課題の解決を通して育成を目指す具体的な資質・能力」の二つを定めることが示された。

　　（中略）このように、各学校において定める目標と内容には、三つの柱に沿った資質・能力が明示されることになる。

　　したがって、資質・能力の三つの柱で再整理した新学習指導要領の下での指導と評価の一体化を推進するためにも、評価の観点についてこれらの資質・能力に関わる「知識・技能」、「思考・判断・表現」、「主体的に学習に取り組む態度」の３観点に整理し示したところである。

　以上のことから、例えば「コンビニでの調査結果のまとめ方が秀逸だった」（知識・技能）、「探究活動を通して課題をより世の中の状況を踏まえたものに変化させた」（思考・判断・表現）といった、生徒の資質・能力の高まりをわかりやすく記述するとよいでしょう。

4　総合所見作成のポイント

　総合所見で一番配慮すべきことは、所見を読んだ保護者や生徒が「がんば

ろう」という気持ちをもてるようにすることです。

　その生徒の今後の課題も提示したいところですが、文字数が限られているので、多くを伝えることは難しいでしょう。所見を読み直し、課題だけが書かれた所見になっていないかを点検する必要があります。課題については、懇談会の折などに口頭で丁寧に伝えた方が、真意が伝わります。

　所見を基に保護者が生徒とやりとりをすることを想像して書きましょう。

　例えば、「ここに書いてある『責任感をいつも発揮している』って、先生はどんな場面のことを言っているの？」と保護者が生徒に聞いたとします。それに対して、生徒が「先生がどこを見てそう言っているのか、私もよくわからない…」と返答するようであれば、せっかくの所見が無意味なものになってしまいます。

　このようなことが生じる要因としては、所見を書く時期になってからはじめてその生徒を意識して書いたことが考えられます。教師から「あなたは責任感があっていいね」などと声をかけられていないと、生徒は「所見に記されているのはあのときのことだ」とは想起できないものです。

　中学校では、各教科の担当教師から生徒の状況について聞いておくと、所見に記述できることがあります。とはいえ、教科担当に負担をかけてはいけません。生徒名簿を渡して、「授業で先生が気づいた生徒のよいところを単語でよいので書いていただけませんか。もちろんすべての生徒について書いていただく必要はありません。後で具体的にお聞きすることがあるかもしれません。どうぞよろしくお願いいたします」といった程度の依頼をして情報を集めておくとよいでしょう。懇談会での話題にもできます。

第2部
通知表の所見文例

第1章
ネガ→ポジ変換つき
生活にかかわる所見文例

　本章では、生徒の学校生活全般にかかわる所見文例を紹介します。

　文例は、指導要録の「行動の記録」で示されている10項目に分類してあり、さらに、それぞれ「○努力や長所を認める文例」と「△生徒を励ます文例」の2タイプに分かれています。「生徒を励ます文例」は、欠点や短所を指摘するだけの所見にならないようにするために、ネガティブ表現をポジティブ表現に変換する形で示してあります。

基本的な生活習慣

○あいさつが自分から進んでできる生徒

さわやかなあいさつが進んでできます。同級生だけでなく、先輩や後輩にも自分からあいさつできる姿は立派です。心を開いて前向きに生活しようとする意欲の表れです。○○さんに友だちが多いのも、この明るさとさわやかさがあるからだと思います。

○時間を守って行動できる生徒

日ごろから時間を守って行動することができています。昼休みの後は、いち早く教室に移動して授業の準備をしています。また、給食の配膳時などには、まわりの友だちが時間通りに動けるよう、優しく呼びかけている姿も見られました。

○一日一日を大切に生活できている生徒

生活記録ノートには、自分のがんばったことや反省が毎日きちんと書かれていて、一日一日を大切にしていることが伝わります。しかも、できなかったことをそのままにしておかず、解決方法を工夫していることに高い向上心を感じます。

○生活記録ノートをしっかり書いている生徒

生活記録ノートの記録を見ていると、自分のことだけでなく、学級の仲間に関する記述がとても多く、仲間を大切にし、ともに高まろうとする意識の強さがよくわかります。仲間を思いやる温かな心づかいにいつも感心させられます。

○掃除に打ち込んでいる生徒

掃除の時間には、目立たない場所まで黙々と美しく磨き上げています。額に汗し、ひざをついて雑巾をかける姿に、本気で美しい学校にしようとする思いを感じます。学校を美しくしながら、心をどんどん美しく磨いているのですね。

○振り返りがきちんとできる生徒

授業や生活場面での振り返りでは、仲間の頑張っている点やよさを積極的に語ることができます。しかも、観念的な評価ではなく、事実をきちんと踏まえてその価値を語る姿にいつも感心します。仲間のがんばりをよく見ているから話せるのですね。

○事前の準備をきちんとできる生徒

指示やスケジュールを常にきちんとメモし、何事も抜けがないように事前の準備を心がけて活動に取り組むことができました。当番や委員会で着実に仕事に取り組む姿は周囲の信頼を集めていました。

○給食当番にきちんと取り組んでいる生徒

　給食当番では、マスクとエプロンをきちんと身につけ、てきぱきと働くことができます。また後片づけも、汚れが気になる食缶の片づけ、配膳台の拭き掃除など、皆が敬遠しそうな分担も進んで取り組む姿に感心しています。

○後輩に優しく教えることができる生徒

　部活動では、レギュラー争いが厳しい中にもかかわらず、１年生のために時間を割き丁寧に教える姿をよく見かけました。なかなか上達しない生徒にも「自分もそうだったから焦るな」と声をかける姿に、人間としての成長を感じます。よき先輩です。

○仲間のことを考えた言動ができる生徒

　体育大会の取組の話し合いの際には、「本当にみんながその気になっているか？」と運動が苦手な仲間を思いやる発言があり、ドキッとさせられました。一部が楽しいのではなく、全員が楽しくなければだめだという高い意識はすばらしいものです。

○節度ある行動をとることができる生徒

　学級の話し合い活動では、反対意見を出していたにもかかわらず、いざ決まったら率先して学級のために動く節度ある行動に感心しました。「みんなで決めたことだからがんばる」という言葉に、リーダーとしての素質を感じます。

○落ち着いた教室環境づくりに貢献している生徒

　自分の家の畑にある花を教室に何度も持ってきて飾ってくれました。また、教室に落ちているごみをさりげなく拾ったり、ティッシュで汚れを拭き取ったりするなど、率先して心地よい環境づくりに努める姿はすばらしいものです。

○安全を意識して行動できる生徒

　学校のルールやきまりをきちんと守り、常に安全を意識して行動することができています。また、自分が安全を意識するだけでなく、仲間の危険な行動を注意することもでき、その誠実さが信頼を集めています。

○職員室でのあいさつがきちんとできる生徒

　職員室の出入りの際のあいさつが、実にきびきびと礼儀正しくできていました。敬語の使い方も適切で、先生方からは、「入試の面接は練習しなくてもいいね」と言われるほどでした。日頃の誠実な生活態度の表れですね。

生活　学習　特別活動　特別なニーズ

△ルールやきまりを破りがちな生徒

ネガティブ

　学校のルールやみんなで決めたことを守れないことが頻繁にありました。まず義務を果たすことで権利が生じます。自分本位な行動が相手を嫌な気持ちにさせることを自覚し、責任ある行動がとれるように心がけましょう。

ポジティブ

　明るくユーモアがあり、学級のみんなを楽しませてくれます。学級対抗球技大会でも運動神経のよさを生かし準優勝に貢献しました。**このよさを生かし学級のみんなが盛り上がるレクリエーション大会を企画してみませんか？　学級のみんなも期待しています。**

　短所のみを書き、義務を押しつけても生徒は変わりません。そこで、まず長所を述べ、その長所を生かした活動の場を提案するような所見を書くことで、本人の「がんばろう」という意欲を引き出そうとしています。また最後に、学級の仲間の期待感を添えることで、多くの人から応援されていることを伝えています。

△何事にも消極的な生徒

ネガティブ

　理解力はあるのですが、何事にも消極的で自分の考えを押し出すことがないので、新しい自分づくりがなかなかできません。まずは、勇気を出して自分の考えを仲間に伝えてみることが大切です。

ポジティブ

　だれの意見に対しても真剣に耳を傾け、うなずいたりメモしたりして聞く姿に、仲間を大切にしていることを強く感じています。ノートの記述も的確です。次学期は、**書いたことを友だちに少しずつでも伝えられるよう心がければ、**○○さんの力はさらに伸びるはずです。

　発言することが少ない生徒も実はしっかりと仲間の意見を聞いていることが少なくありません。そこで、この聞く力のよさをまずは認め、その力をさらに磨くために、仲間に伝えることを心がけるように書くことで、少しずつ話すことに対する自信をつけさせていくことが大切です。通知表の所見は、一人ひとりに対する応援の手紙と考えましょう。

△生活リズムが乱れがちな生徒

ネガティブ

　ゲームに夢中になって夜更かしをしてしまうため朝寝坊が多く、授業中にもあくびをしてしまうことが少なくありません。楽しい学校生活を送るために、早寝早起きを心がけましょう。

ポジティブ

　病気の多くは健康な生活習慣が身についていないことが原因になってることを知り、**少しずつ就寝時刻や起床時刻を意識するようになってきました。**また、糖分や塩分のとり過ぎがよくないことも知り、意識して生活しています。**できることから積極的に取り組む姿を応援しています。**

　生活習慣の乱れが学校での無気力な態度につながっていることに鑑み、まずは、就寝時刻・起床時刻について、気をつけることができるようになってきたことを書きます。こうすることで、保護者も学校での指導を知ることができます。また、食生活については、乱れがちである一方、改善の取組もしやすいので、食生活の改善の一部について書くことは有効です。いずれにしても、だめなところを書くのではなく、本人の行動が変わりつつあることを認め、応援する姿勢が大切です。

△礼儀や節度を欠いた言動の多い生徒

ネガティブ

　心に感じたことをすぐに口にするため、相手に嫌がられたり相手の心を傷つけたりすることが少なくありません。言われた側は深く傷つくことを考えると、思いつきで話さず、心の中で吟味してから話すことも大切です。

ポジティブ

　自分の心に正直に、仲間に自分の思いを伝えることができるよさがあります。自分の言葉で話せることはとても大切です。だからこそ、**相手が言われてうれしい言葉をたくさん伝えられるように、さらに言葉を磨いていってください。**

　話す力がある生徒には、それを制限するのではなく、質の高い話へと転換させていく意識が大切です。したがって、まず、自分の心に正直に話せるよさを認めつつ、相手を意識した言葉を伝えられるように、長所の質的な変換を図っています。

健康・体力の向上

○早寝・早起きができている生徒

　朝早くから運動場で部活動の自主練習に取り組む姿が輝いています。帰宅してから、やるべきことを素早くやり、早寝早起きを習慣化している賜物ですね。授業でも集中力が切れず、意欲的に学んでいます。よい生活習慣を確立していますね。

○食の大切さがわかる生徒

　給食が栄養バランスを考えて調理されていることを知ってからは、より栄養素を意識して友だちと給食を楽しめるようになっています。また、命をいただいているという意識も強く、給食が単なる食事になっていないのがすばらしいところです。

○健康に対する呼びかけができる生徒

　保健委員として、朝の健康観察を積極的に行うとともに、体調のすぐれない友だちがいると、本人に声をかけるだけでなく、「体調の悪い人がいるから、みんな気配りをしてください」と呼びかけるなど、気づかいの心もすばらしいです。

○元気のない生徒に声かけができる生徒

　いつもと違って元気がない仲間を気づかって声をかけ、体調が悪いことがわかると保健室まで一緒に行くなど、優しい行動を多く見かけました。自分の健康だけでなく仲間の健康にも気配りができます。

○感染症の予防に進んで取り組んでいる生徒

　保健委員として、感染症予防のため、手洗い・うがい・手指消毒などに、率先して取り組みました。仲間にも「しっかり指の間まで洗って」などと呼びかけ、本当にやっているかどうかをチェックするなど、委員としての自覚の高さに感心しています。

○教室の換気を呼びかけることができる生徒

　休み時間になると、率先して教室の窓を開け、換気を実施することができました。天候によって開け方を変え、少しでも快適な教室にしようとする工夫が見られました。学級のみんなからも一様に感謝されています。

○衛生的な給食の配膳を心がけている生徒

　給食委員として、給食時の衛生的で効率のよい配膳に取り組むことができました。配膳中の私語をなくすために、当番以外はミニ読書をするようにしたり、配膳方法を工夫したりするなど、みんなが安心して給食に臨めるよう取り組みました。

○休日にも進んで体力づくりに励んでいる生徒

休日にも、健康づくりのために、ミニマラソンやスクワットをするなど、体力づくりに取り組んでいます。そのためか、４月から欠席がゼロで、昨年度までの10日近い欠席がうそのようです。健康は一生の宝になります。ぜひ続けてください。

○悩みを進んで相談することができている生徒

昨年度は１人で悩むことが多かったのですが、２年生になって、いろいろな人に相談し、アドバイスをもらうことができるようになりました。ものの考え方も随分と変化し、くよくよ考えることがなくなったことはとても大きな進歩です。

○医療関係者に敬意をもっている生徒

命の尊さに目を向けるだけでなく、感染症に命がけで立ち向かう医療関係者に感謝の手紙を書く提案を仲間に呼びかけました。すばらしい感性と思いを実行する行動力をもっています。将来は医療の道に進みたいという願いもわかります。

○自分で気温に合わせた着こなしができる生徒

気温に合わせて上着を脱ぎ着したり、重ね着の仕方を工夫したりするなど、健康への意識が高く、自らコントロールする力があります。小さなことですが、この気づきができることこそ健康の証です。健康は自分がつくり出すものですね。

○ストレス解消の方法を工夫している生徒

「熱いお風呂に入って20分我慢するとすっきり」とユニークなストレス解消法をみんなに披露してくれました。常に前向きに自分の心を健康にしようとする態度が素敵です。学校生活も笑顔で送ることができているのはそのためですね。

○健康のありがたみを感じている生徒

大きな手術をがんばって乗り越えましたね。再び学校に登校できるようになったことを心からうれしく思います。学級の仲間にも、当たり前に思いがちな健康のありがたみを伝えてください。健康であることはそれだけで多くの人を幸せにするものです。

○進んで手洗い・うがいができる生徒

給食の時間だけでなく、移動教室や体育の後には、進んで手洗い・うがいができました。また、仲間にも呼びかけ、学級全体の意識が高くなるような呼びかけもできていました。命の大切さを知り、行動に移すことができるよさをもっています。

△運動することが嫌いな生徒

ネガティブ

　体育の時間以外にはほとんど体を動かすことがありません。健康な体をつくるためにも、運動を積極的に行い、病気にならない健康な体をつくることが大切です。家のまわりを走ったり、縄跳びをしたりして少しずつ体力をつけましょう。

ポジティブ

　保健の授業で生活習慣の大切さを学んでから、**健康への意識が高くなってきました。登下校を小走りで行うとか、大好きなアイドルの振り付けを真似するとか**ちょっとした工夫で汗をかくことはできます。楽しみながら健康づくりの一歩を始めましょう。

　運動の苦手な生徒は動くこと自体を避けがちですが、健康の大切さはわかっている生徒も多いので、動くきっかけをつくることが大切です。したがって、できていないことを書くのではなく、意識の高まりを認めつつ、踏み出せない一歩を無理なく始められるように、簡単なこと、楽しみながらできることを提案します。

△生活習慣が乱れがちな生徒

ネガティブ

　大好きなゲームに夢中になって夜更かしするため、翌日の授業に集中できません。多い日には４時間近くやっていることもあるようです。早寝早起きをすることは、健康な体づくりの基本です。がんばりましょう。

ポジティブ

　保健の授業で「ゲーム脳」について学んでからは、ゲームの時間を短くするように意識し始めました。最近では、**家庭での時間割をつくり、宿題を先にやることやゲームの終了時刻を決めることに努めています**。ご家庭でもぜひ、○○さんのがんばりを励ましてあげてください。

　ゲームをやっていることを悪と決めつけて所見を書きがちですが、楽しみとして大切な場合もあります。そこで、時間が長くならないようにすることのみに焦点を絞って所見を書くようにします。意識の高まりを認めつつ、生活の実態を分析して、時間の使い方を工夫している点を評価します。家での過ごし方にかかわる問題なので、家庭にもがんばっている姿を認め、励ましてもらうよう協力をお願いするのがよいでしょう。

△保健委員の仕事に手を抜きがちな生徒

ネガティブ

　保健委員という立場でありながら、自分自身のうがいや手洗いへの意識が低いのは残念です。もっと保健委員であることを自覚して、自らが率先して取り組まないとみんなから信頼されるようにはなりません。がんばりましょう。

ポジティブ

　保健委員としてみんなの健康を守ろうと取り組んでいます。点検活動など地味な仕事が多いので**苦労している**ようですが、**「我慢して取り組む活動」を「楽しみながら命を守る活動」へと工夫すれば○○さんのよさが光ります**。期待しています。

　委員会活動の日常の活動には地味なものも多く、委員としての自覚が高い生徒でないと手を抜きがちです。そこで、保健委員としての基本的な仕事をしていることをまずは認めつつ、やらないのではなく、「苦労している」という表現で悩みを認めます。その後、アイデア豊かな本人のよさが光るような活動になるよう助言して、本人の自覚を促すとよいでしょう。

△部活動でも日常生活でもけがが多い生徒

ネガティブ

　いつも体のどこかに絆創膏を貼っていると思うほど、打撲や擦過傷が多いことが気になります。落ち着きがないので、けがをしやすいのだと思います。このままいくと大きなけがをしたりさせたりしかねません。気をつけましょう。

ポジティブ

　活動的で瞬発力もあり、部活動で大活躍しています。ただ、日常生活で負ったちょっとした擦過傷の中には、落ち着いて行動すれば防げるものも多いことがわかります。**行動する際に、少しだけ「大丈夫かな？」と安全について考えるようにすれば、けがは必ず減ります**。

　運動神経のよい生徒はけががつきものと思いがちですが、日常生活での頻繁なけがを見逃すのは危険です。そこで、部活動での活躍を認めつつ、日常生活のけがは不注意からくることが多い点を伝え、少しだけ考える「間」をつくることを所見として書くと、本人に対しても家庭に対しても、意識づけになります。

○新しい仲間と協力し合うことができる生徒

　2年生になってはじめて出会う仲間に気さくに声をかけ、去年よりも楽しい学級をつくろうと呼びかけました。朝の元気なあいさつもその表れで、どんどん仲間の輪を広げる姿に感心しました。自分から働きかけ協力し合う力に優れています。

○自分たちのルールをきちんと守ろうとする生徒

　学校の様々なきまりを、義務としてではなく、よりよい生活を送るためのみんなの約束として受け止めています。納得できないことは率直に語り合い、みんなで決めたら徹底して守り抜く姿勢もさすがです。学級のリーダーとしての存在感があります。

○時と場に応じた適切な行動がとれる生徒

　学校の中堅として、先輩から学ぶだけでなく、後輩を導く立場としても活躍しています。様々な問題を、先生を頼らずまずは自分たちで話し合い、解決しようとする姿を頼もしく感じます。自主的に取り組む姿勢はみんなの模範となっています。

○生徒会活動に打ち込む生徒

　生徒会執行部として、全校生徒が学校に誇りをもてるように、様々なキャンペーンを打ち出しています。3年生に臆することなく、自分の考えを出す姿も見事です。学校全体のリーダーとしての素質を大きく磨いているのだと思います。

○適切な言葉づかいができる生徒

　職員室でのあいさつ、先輩との話し方、後輩への接し方など、時と場に応じて相手がさわやかに感じる応対ができます。自分の話をする前に相手の忙しさを気づかうことができるだけでなく、その言葉づかいも適切なことに感心します。

○学級の問題を自分たちで解決しようとする生徒

　学級で友人関係の問題が起きたとき、「これは私たち全員の問題だから、私たちで解決しなければだめだ」と熱く語る姿が印象的でした。人を頼る前に、まず自分が汗を流すことを心がけているからこその発言でした。今学期のうれしい成長です。

○行事に進んで取り組んだ生徒

　合唱委員として「世界に1つしかない2組の歌声を響かせよう」とがんばりました。合唱を高めるためのアイデアを募集し、10の宝物としてまとめ上げ、練習のたびに振り返りました。その姿勢が金賞の原動力になったことは言うまでもありません。

○建設的な意見を積極的に出すことができる生徒

学級会では、文化祭の出し物を多数決で決めるのではだめだと最後まで粘り、文化祭の目的に照らし合わせながら、一人ひとりの考えを大切にしてみんなが納得できる結論に導きました。その手腕に仲間も一目置いています。

○大変な仕事を進んで引き受けることができる生徒

体育大会の学級旗の原画をかく人が出ず沈黙が続いたとき、「上手ではないけど、私でよかったらやります」と立候補しました。その姿に刺激され、さらに3人が立候補し、すばらしい原画になりました。苦労を買って出るすばらしい姿勢です。

○行事のリーダーとして最後までやりきった生徒

合唱祭のリーダーとして、学級を見事金賞に導きましたが、最後に、学級全員に小さな「がんばり賞状」をつくってきたことに大変驚きました。仲間とつくり上げるよさを心から感じるとともに、それを価値づける心があるのだと感心しています。

○生徒会副会長に立候補した生徒

昨年は内気だった○○さんが生徒会副会長に立候補して自分の主張を見事に語りきる姿に感動しました。公約も、「だれもが幸せになれる学校」と一人ひとりに目を向けた内容で、この一年半の成長を心からうれしく思います。

○努力している仲間を認めることができる生徒

学級対抗リレーでバトンを落として優勝を逃して悲しんでいる仲間に、「だれ一人手を抜かなかったことを学級の誇りにしよう」と涙ながらに語る姿に感激しました。温かな心をもち、しっかりした考え方ができる生徒へと見事に成長しました。

○行事の練習を計画・実行した生徒

体育大会の大縄跳びで優勝するために朝の練習会を計画し、根気強くやり抜きました。遅刻しそうな生徒には朝早く電話するなどすばらしいリーダーシップでした。単に呼びかけるリーダーではなく、仲間を応援するリーダーへと見事に成長しました。

○仲間の努力をみんなに広げた生徒

合唱祭の練習で音程が外れがちな生徒への不満が聞こえてくると、本人が放課後特別指導を受けてがんばっていることを仲間に伝え、「彼以上にがんばっているとみんなは言いきれるか？」と熱く問いかけました。仲間への見事なサポートでした。

生活

学習

特別活動

特別なニーズ

△周囲に流され自分の考えをしっかりもてない生徒

ネガティブ

　本心では違うと思いながらも、仲間の考えに追従してしまい、あとで後悔することが多くありました。自分の考えをもつことは、自分づくりの大切な視点です。中学2年生なのですから、もっとはっきりと自分の意見を話せるようにがんばりましょう。

ポジティブ

　仲間の意見を大切にするよさがあります。意見の対立も少なくけんかもしません。そのことが時に自分の本心とは違うことも先生はちゃんとわかっています。次学期は、自分らしさを磨くために、**時には「本当にそうか」と自問し、新しい自分づくりにも挑戦すること**を期待しています。

　他人に流されやすい生徒の所見には、対立が少ないのは相手の意見を大切にできるからであることをまずは述べます。そして、時に本心とは違うことに教師は気づいているということも言い添えます。そのうえで、意見を述べることは新しい自分づくりであることを示し、自分の考えをはっきり伝える生活を目指すことを促すとよいでしょう。

△部活に夢中になるあまり学習が疎かになりがちな生徒

ネガティブ

　部活動は真剣にがんばっていますが、それ以外のことには無関心で、やる気が感じられないことが残念です。部活動以上に学習は大切です。まず勉強に集中し、そのうえで部活動に取り組むことが大切です。

ポジティブ

　部活動では、準備の段階から後片づけまで妥協なくがんばる姿が光っています。目標をもって取り組めている証拠です。**このよさを学習面でも発揮すると、真に文武両道の中学校生活になるはずです。**○○さんの挑戦に期待しています。

　中学2年は、部活動に夢中になり、学習が疎かになりがちな時期です。しかし、「部活動だけがんばっている」と書けば、本人は部活動への取組をも否定されている気持ちになるでしょう。そこで、部活動のがんばりをまず認め、その力が本物なら、学習にも生きるはずであり、そういう生き方に期待していることを書くことで、生徒への応援の所見とします。

△教科によって学習態度に差がある生徒

ネガティブ

　好きな教科と嫌いな教科の学習態度の差が大きく、嫌いな教科では教科書さえ開きません。このままではその教科の学力がつかず、結局自分が苦しむことになります。我慢して勉強することも大切です。がんばりましょう。

ポジティブ

　理科や美術では、集中力と豊かなアイデアが光ります。特に、理科では予想した結果が出るまで繰り返し取り組む粘り強さがあります。**この力を他の教科にも生かすとさらに学力が高まります**。コツは、まず疑問点をはっきりさせることです。

　教科による好き嫌いは、多くの中学生に見受けられることですが、苦手な教科も我慢して勉強するようにといった所見では生徒は意欲がわきません。そこでまず、得意な教科の学習のよさをしっかりと伝え、そのうえでそのよさを他の教科にも応用することで学力が向上していくことを書いていきます。所見は生徒への応援のメッセージです。

△できないことを改善せず失敗を繰り返す生徒

ネガティブ

　中間テストで思うような結果が得られなかったにもかかわらず、同じ失敗を期末テストでも繰り返しました。このままでは何度やっても同じ結果になります。根本から取り組み方を変えていく必要があります。がんばりましょう。

ポジティブ

　中間テストで思うような結果が得られなかったのは学習の仕方に問題があったからだと気づき、**繰り返して覚える内容とじっくり考える内容を区別して学習するようになりました**。その結果、基礎問題の失敗が確実に少なくなりました。

　学習の好き嫌いが多い生徒は、好きな教科の学習方法が苦手な教科にも応用できることを知らない場合が少なくありません。そこで、苦手な教科の学習の仕方の問題点や有効な学習方法に自ら気がついたことを認めます。どんな取組でも、小さな成果が上がったらそれをすかさず認め、苦手な教科克服のきっかけにすることが大切です。

責任感

○生活委員としてがんばっている生徒

　生活委員として玄関に立ち、朝のあいさつ運動に取り組みました。大きな声で呼びかける姿に、昨年とは違う人間的な成長を感じています。学校の中堅として、学校生活をよりよくしようとする意識の高さの表れだと思います。

○自然の家研修の代表あいさつをがんばった生徒

　自然の家研修の代表あいさつで堂々と学校のよさや研修の目的を語る姿に感心しました。家でも随分練習をしたと聞きます。自分の与えられた仕事をきちんとこなすだけでなく、よりよいものをつくり出そうとする姿勢をもつ、真のリーダーです。

○保健委員としてがんばっている生徒

　保健委員として、朝の健康観察を責任をもってやりきりました。点検活動だけでなく、呼びかけをきちんとする姿勢も立派です。みんなの健康のことを考えて、言いにくいこともきちんと言いきり、情熱をもって語るので、仲間からも信頼されています。

○学級委員としてがんばっている生徒

　学級委員として学級の団結力を高めるために、リーダーシップを発揮しました。特に、「自分たちの学級だからできるはずだ」という語りで、みんなのやる気を１つにしていく姿は立派でした。学年球技大会の優勝も、このリーダーシップのおかげです。

○掃除班長としてがんばっている生徒

　掃除班長として、率先して汗を流し、美しい学校づくりに貢献しました。単に指示するだけでなく、自ら大変な分担箇所を引き受けたり、後片づけまで進んで行ったりすることで、班員からも一目置かれています。

○部活動をがんばっている生徒

　３年生が引退してからは、自分たちが野球部を引っ張らなければという意識で、部活動への打ち込み方が変わってきました。「１年生ができないのは自分たちの指導が悪いからだ」と仲間に呼びかける姿にも感心しています。

○図書委員としてがんばっている生徒

　図書委員として、朝の読書活動の充実に取り組みました。単に静かに読むだけでなく、価値ある本を読んでほしいと「おすすめ本ニュース」をつくったり、BGMを提案したりするなど、委員としての責任感ある意欲的な取組が光っていました。

○頼まれたことを誠実にやりきる生徒

　自分がどんなに忙しくても、頼まれごとには誠実に取り組みます。定期テストの勉強に取り組む中でも、「みんなが困るから」と与えられた仕事をやり遂げる姿勢には感心します。だからこそ、どんな状況でも集中力が切れないのですね。

··

○放送委員としてがんばっている生徒

　放送委員として、お昼の放送を楽しいものにしようとがんばりました。さわやかなアナウンスは、すぐに○○さんだとわかります。ユーモアを交えながら楽しい昼のランチタイムをつくり出す委員としての姿はすばらしいものです。

··

○生徒会立候補者の応援責任者としてがんばった生徒

　生徒会に立候補した友だちに推され応援責任者になりましたが、その応援は見事でした。似顔絵をかき、大きな声で全校生徒に立候補者の人柄や公約を伝え、がんばる姿に、この一年間の成長を見た思いです。文字通り当選の立役者となりました。

··

○行事の実行委員長としてやりきった生徒

　宿泊研修の実行委員として学級をリードしました。「団結」のスローガンのもと、３分前行動や、球技大会の必勝作戦などにも、率先して取り組みました。他人任せにするのではなく、自分たちの手でやりきろうとする意欲にあふれていました。

··

○集配係として提出全員達成に努めた生徒

　集配係として、「提出100％」を目指して活動に取り組みました。点検だけでなく、達成率をグラフにしたり、提出が遅れがちな仲間に声をかけたりするなど、その行動力には脱帽しました。仲間のために汗することができるすばらしさがあります。

··

○美化委員として、清掃活動に取り組んだ生徒

　美化委員として、美しい学校づくりに取り組みました。清掃の仕方を動画で紹介したり、美しい掃除場所ランキングを紹介したりして、点検だけの委員会活動にしなかったのはさすがです。責任をもってやり抜き、自らも大きく成長しました。

··

○体育大会実行委員としてがんばった生徒

　体育大会実行委員として、執行部からの連絡を伝えるだけでなく、感動の体育大会にするために日常生活も改革しようと働きかけました。運動の苦手な仲間にも、体育大会の目的について熱く語るなど、実行委員としての責任を見事に果たしました。

△立候補した係なのに真剣に取り組めない生徒

ネガティブ

　自分から立候補した合唱祭実行委員なのに、呼びかけることもほとんどなく、パート練習でも小さな声でしか歌わないなど意欲に欠けていました。自分で決めたことはもっと真剣に取り組まないとみんなから信頼されません。

ポジティブ

　合唱祭の実行委員に自ら立候補し、よりよい合唱にしようと取り組んだことをうれしく思います。大きな声を出すことには少し苦手意識があるようですが、目指す合唱に何が足りないのかはよくわかっていました。次学期は、**思ったことを遠慮せず行動に移す○○さんの姿に期待しています。**

　取組に不十分なところがあったとしても、まずは立候補したこと自体を前向きな姿勢の表れと認めましょう。そのうえで、働きかけないのではなく、働きかけることが苦手である本人の性格に沿って、少しずつがんばれるように方向づけしていくとよいでしょう。

△掃除など地道な活動に集中できない生徒

ネガティブ

　目立つことにはがんばるのですが、掃除などは面倒くささが先に立ち、いい加減にしかやりません。掃除は学校をみんなの力で美しくする奉仕の活動です。心を込めて、感謝の気持ちをもって掃除ができるように心がけましょう。

ポジティブ

　教室掃除で、黒板のチョークの汚れを雑巾できちんと拭き取る姿が見られました。**少し視点を変えるだけで、掃除の中身が変わり学校が美しくなることを知っています。**きれいにしたいところを見つけて掃除をする力を一層磨いていってください。

　掃除に打ち込めない生徒は、義務感で行っている場合が多く、形式的な掃除になりがちです。しかし、ほんの少し視点を変えると、ピカピカにする楽しみも見つかります。掃除の価値をさりげなく添え、その生徒ががんばれそうな視点から記述すると、励ましの所見になります。

生活

学習

特別活動

特別なニーズ

△呼びかけが命令的な生徒

ネガティブ

学習委員として、忘れ物調査や挙手の呼びかけなど、よりよい授業づくりのための働きかけはしていますが、命令口調なために、みんなの気分を害することが少なくありませんでした。取り締まるのではなく、やりたくなるように呼びかけることが大切です。

ポジティブ

学習委員として、忘れ物ゼロや全員挙手に向けて、**積極的に呼びかける姿があり、委員としての意識の高さを感じました**。なかなかうまくできないときにこそ、みんながやる気になる具体的な働きかけができると本当の力になります。一層の活躍に期待しています。

委員会活動は真剣になればなるほど厳しい口調になりがちです。しかし、それもやる気の表れと捉えることができます。そこでまずは、呼びかけていること自体を認める言葉を書きます。そして、それが意識の高さの表れであることも評価したうえでこれからの課題を具体的に提示すると、生徒も前向きに受け止められます。

△時間にルーズでみんなに迷惑をかけがちな生徒

ネガティブ

授業の開始や掃除の時間などに遅れがちで、活動がスムーズに始まらないことがよくあります。もっと、みんなのことを考えて時間に厳しく生活しないと、みんなからの信頼を得ることができません。まずは遅刻を減らすことです。

ポジティブ

おおらかな性格で、小さなことにくよくよしないよさがあります。また、**宿泊研修の班別研修でバスに乗り遅れ、大変な思いをしてから意識が変わりましたね**。時間を守ることは、自分のためだけでなく仲間の生活を守ることでもあります。

時間を守れないからと短所を書く前に、おおらかな性格であることのよさを書きます。そして、本人が時間を守れずに本当に困った出来事を具体的に記し、そのときから意識が変わってきたことを認めます。さらに、時間を守ることは自分のためだけではなく、仲間の生活を大切にすることにもつながるよう気づかせます。

創意工夫

○学級が楽しくなる活動を提案した生徒

朝の会では、１日が楽しくなるような「今日のとっておきニュース」をプログラムとして提案し、朝の会の盛り上げ役となりました。おかげで、毎日笑顔で学校生活をスタートでき、学級が楽しい居場所となりました。

○創造的な係活動を提案し実行できる生徒

誰一人悲しい思いをする仲間がいないようにと、学級に「聞いてくださいポスト」を設置し、悩みや課題を学級全体のものとして解決に導きました。先生任せにせず、自分たちの手で問題を解決しようとする姿に感心しています。

○生活係としてがんばっている生徒

学級の生活係として、規律あるくらしづくりに取り組みました。単に点検や取り締まりをするのではなく、中学生らしい服装の特徴など、みんながなるほどと思えるポイントを示した係通信を作成するなど、○○さんのアイデアが光りました。

○数学係としてがんばった生徒

数学係として、授業の前の３分間を使って前時の振り返り問題を解き合う学習を計画しました。ペアで確認し合うなどみんなが集中して授業に取り組めるようにしたことはさすがです。スムーズに数学の授業ができたのは、このアイデアのおかげです。

○社会科係として楽しい活動を工夫した生徒

社会科係として、授業前に歴史ミニクイズの時間を位置づけ、みんなの社会科に対する興味関心を引き出したのはさすがでした。先生も知らないようなエピソードやユニークな問題がたくさんあり、仲間から歴史博士と呼ばれています。

○学級委員として笑顔のあふれる学級を目指している生徒

「だれもが笑顔になれる学級」という願いをもって学級委員に立候補し、見事にやり抜いています。帰りの会では、「心の天気予報」の時間をつくって、みんなの心が晴れになるように、雨の人の悩みをみんなで聞くなど意欲的に取り組みました。

○掲示係としてがんばった生徒

掲示係として、通信や作品を掲示するだけでなく、「我らの主張コーナー」を特設し、中学生らしい本音を自由に書き込めるようにしました。ユニークな内容や、悩み、本気の声など、みんなが思わず目をとめるおもしろい掲示物になりました。

○美化委員としてがんばった生徒

　美化委員として清掃の呼びかけはもとより、美しい教室環境にするために、机の横にミニごみ袋を置く提案をして、消しゴムかすなどが床に落ちないように呼びかけました。おかげで掃除の時間に出る教室のゴミが本当に少なくなりました。

○図書委員としてがんばった生徒

　図書委員として朝の読書が充実するように、本の紹介をしたり、おすすめ本コーナーを工夫したりして、みんなが有意義な時間を過ごせるように工夫しました。特に、「中学2年生の必読書10冊」を、理由を添えて紹介したのには驚かされました。

○学級新聞を自主的に発行した生徒

　学級新聞係として、学級の足跡がよくわかる新聞を作成しました。また、みんなの紹介を「私はだれでしょう？」という記事として編集し、みんなが、一人ひとりの趣味や特技などについて知ることができるように工夫したのはさすがでした。

○給食委員としてがんばった生徒

　給食委員として、素早い配膳方法を提案し、「2組スタイル」を確立して8分間で終えることができるようになりました。ストップウォッチまで持ち出して取り組む姿に委員としての強い自覚を感じ、本当にうれしく思いました。

○保健委員としてがんばった生徒

　保健委員として、手洗いうがいに取り組みました。単に点検するだけでなく、手洗い名人のミニ動画を作成して紹介したり、うがいの意義の資料を養護教諭の先生と協力して作成したりするなど、意欲的な仕事ぶりに感心しました。

○体育祭実行委員としてがんばった生徒

　体育祭実行委員として、「完全燃焼」のスローガンのもと、大縄跳びの練習を工夫しました。縄の回し方を工夫したり、並ぶ順番、並ぶ向きなどをいろいろ変えたりしながら呼びかけていく姿はさすがでした。おかげで見事に学年優勝しました。

○合唱コンクール実行委員としてがんばった生徒

　合唱コンクール実行委員として、みんなの心が1つになるようリーダーシップをとりました。単に練習するだけでなく、音楽の先生に特別指導をお願いしたり、声出しの特訓を提案したりするなど、やる気あふれる活動ぶりでした。

生活

学習

特別活動

特別なニーズ

△よりよいものを求めて追究する姿勢に欠ける生徒

ネガティブ

　授業では、1通りの答えが出ると暇そうにしていることがあり残念です。理解力はあるのにこれでは伸びません。もっと、自分から進んで取り組むことで学力も伸びるはずです。しっかりとがんばりましょう。

ポジティブ

　理解力があり直観的に答えを見抜く鋭さもあります。ただ、そこで満足しているのが惜しい点です。「よりよい方法や答えはないか」と考えて探究すると、納得できる答えが必ず見つかります。まずは、**「第2の解決方法」を見つけることに挑戦することを期待しています。**

　単にやる気がないと欠点をあげるのではなく、理解力や見抜く力があるというよさを認めたうえで、さらに力をつけるための具体的な方法を提案するとよいでしょう。面倒くさいのではなく、探究すること自体の喜びを十分感じ取れていないのだと捉えて、所見を書くことが大事です。

△委員として与えられた仕事だけしかやらない生徒

ネガティブ

　保健委員会として、朝の健康観察は欠かさずやりますが、それだけで終わってしまいます。呼びかけることもほとんどなく、委員としての自覚に欠けていると思います。もっと学級全体に呼びかける姿に期待しています。

ポジティブ

　保健委員として、毎朝の健康観察では、きちんと健康状態を記録し、保健室への報告も確実に行っています。**日常の活動を確実にやり抜く力があるので、さらにみんなが健康になるような呼びかけができるようになると、活動の幅が大きく広がります。**次学期の挑戦に期待しています。

　点検だけで満足していると否定的に捉えると、本人としては、ちゃんとやっていることさえ認めてもらえないと思ってしまいます。そこで、まず、日常の活動をきちんとやっていることをしっかり認めます。そのうえで、自発的な活動をすることで、もっと仕事の幅が広がることを示唆する文面にするとよいでしょう。

△板書を写すだけで満足している生徒

ネガティブ

ノートをきちんととってはいますが、板書を写すだけで満足しています。もっと自分らしいノートづくりをしないと本当の学力は身につきません。ノートをとる目的そのものから見直すことが大切です。

ポジティブ

いつ見てもきれいに板書を写してノートを作成しています。文字もきれいです。ノートは学習の足跡であると同時に、**自分だけの参考書だと考え、オリジナルなノートづくりに取り組んでいくと、一層力がつくはず**です。

板書をそのまま写したり、教科書通りに書いたりすることがノートづくりだと思っている生徒がいます。ただ、そのことを頭ごなしに否定すると、生徒はやる気をなくしてしまいます。そこで、美しく書けること自体をまず認め、そのうえで、「参考書」としてまとめるノートづくりへと方向づけるとよいでしょう。

△几帳面ではあるが工夫ができない生徒

ネガティブ

真面目できちんとやるべきことをやりきることができていますが、創造性に欠け、自分で工夫しようとすることが少ないのが残念です。もっと何事にも自分からチャレンジしていく姿勢を身につけると成長すると思います。

ポジティブ

几帳面で、忘れ物もなく、やるべきことをしっかりできます。これだけきちんとやりきる力があるので、何事も自分なりの方法を工夫するとさらに力がつきます。**図書館で読んだことのないジャンルの本を読むこともその第一歩**です。

真面目一辺倒の生徒は、きちんとこなすこと自体で満足していることが多いものです。しかし、「やりきる」ということ自体は尊いことなので、まず所見ではこのことを認めます。ただ、さらに伸びてほしいという願いを込めて、その生徒に合っていて、実際に取り組むことができそうな提案を織り交ぜています。

生活

学習

特別活動

特別なニーズ

思いやり・協力

○だれとでも良好な関係を築ける生徒

相手のことを思いやり、男女を問わず分け隔てなく接することができています。今後も、だれとでも優しく接することで、クラスの中心的な存在として活躍することを期待しています。

○仲間と協力できる生徒

自分の役割を確実に果たすことができています。また、1人で行うのではなく、学級の仲間に声をかけながら協力して取り組む姿を随所で見ることができました。○○さんのおかげで、学級全体に協力する雰囲気が生まれました。

○仲間から信頼される生徒

だれにでも分け隔てなく、優しく声をかけ、コミュニケーションをとることができるため、仲間からとても信頼されています。○○さんのおかげで、学校行事でみんなが協力する姿勢を見せてくれるようになりました。

○班活動で中心となっている生徒

学習班での活動では、学習活動に集中できない生徒に注意する姿を見ることができました。これも、班員全員が学習活動に参加し、理解を深めてほしいという○○さんの思いやりからの行動だと思います。

○部活動で部員と協力することができる生徒

部活動では、積極的に声を出し、部員を鼓舞する姿を見ることができました。大会では、1つでも多く勝ち進めるように部員と協力して作戦を練るなど、○○部の中心として活躍することができました。

○先輩として後輩を思いやることができる生徒

部活動では、先輩として後輩の練習を観察し、できていないことは自分が手本となって教えています。後輩のために自分の練習時間を割いて熱心に教える姿勢から、後輩にも信頼される存在として活躍しています。

○キャプテンとして部員をまとめる生徒

新チームになり、部活動のキャプテンとして先輩たちからの伝統を引き継ぎました。2年生と協力して練習方法を考えたり、1年生のことを気にかけて練習中に声をかけたりと、部活動の中心として活躍することができました。

○体育祭でクラスの中心として活躍した生徒

体育祭では、３年生と協力して群団の応援合戦を考えたり、応援合戦の振り付けを群団員と協力して学級のみんなに優しく教えたりと、クラスの中心として体育祭を盛り上げることができました。

○体育祭での係活動を率先して行った生徒

体育祭では、器具係として自分の役割を同じ係の生徒と協力して素早く確実に果たすことができました。また、同じ係の生徒が困っていれば自分の担当でなくても自ら率先して手助けするなど、係活動に大きく貢献することができました。

○キャンプの班活動で協力できた生徒

キャンプの飯盒炊さんでは、班長として班員に的確な指示を出し、手際よく作業が行えるように班員みんなが協力しようと声かけをすることができました。そのため、○○くんの班では、常に班員が協力して活動していました。

○キャンプで積極的に活動に参加した生徒

キャンプファイヤーでは、学級の仲間を楽しませるために、実行委員と協力して出し物を考えることができました。また、当日には学級の仲間に積極的に声をかけ、全員が出し物に参加できる雰囲気をつくることができました。

○合唱祭で仲間と協力できた生徒

合唱祭では、指揮者や伴奏者、パートリーダーのアドバイスを真剣に聞き、パート練習のときには、同じパートの生徒に声をかけるなど、全員で協力して１つの合唱を完成させることができました。

○合唱祭で仲間にアドバイスできた生徒

合唱祭では、全員が気持ちを合わせることが一番大切だと信じ、だれにでも伝わるように優しく、わかりやすい言葉づかいをするように注意しながら仲間にアドバイスし、全員が合唱に気持ちを向けられるように取り組みました。

○卒業生のために積極的に活動した生徒

卒業生を送る会の実行委員に立候補し、お世話になった３年生の先輩に楽しんでもらえる会にできるように、他の実行委員と協力しながら準備を進めてきました。そのおかげで、３年生にとって最高の送る会となりました。

生活　学習　特別活動　特別なニーズ

△仲間とうまく協力できない生徒

ネガティブ

体育祭では、自分が出場する個人競技には積極的に参加することができましたが、同じ群団の他学年の生徒を応援している姿などをあまり見ることができず残念でした。後輩や先輩とともに行事を盛り上げていけるようにしていきましょう。

ポジティブ

体育祭では、自分が出場する個人競技のバトンリレーの練習に積極的に取り組んでいました。また、学級の仲間が出場している競技で応援する姿を見ることができました。**来年は、最高学年として同じ群団の他学年の生徒も引っ張っていくことを期待しています。**

　まずは、できていなかったことではなく、本人がしっかりと取り組めていたことをなるべく詳しく伝えます。そして、現状に満足せず成長してほしいという教師の期待を込めて「来年はこうなってほしい」という文脈で改善点などを伝えるようにします。

△班行動ができない生徒

ネガティブ

キャンプでは、自分の班を離れ、他の生徒と行動をともにすることがあり残念でした。今後の社会生活では、様々な人たちと行動をともにする必要があります。自分の交友関係を広げるためにも、協力や思いやりの気持ちを忘れずに行動するようにしていきましょう。

ポジティブ

キャンプの班行動では、班を離れて行動してしまうことがあったので、**班行動の大切さやキャンプの目標について話をしました。**すると、夜のキャンプファイヤーでは、班や学級の仲間と協力して活動に参加することができました。**短期間での成長はすばらしいものでした。**

　反省すべき点については、事実を書くだけでなく、教師がどのように指導したのかも書くようにします。そして、その行事の中で改善されたことやよくできたところなどのよかった点も必ず書くようにします。問題点をあげるだけでは保護者も不安になってしまうので、成長した面もしっかり認めて、伝える工夫が大切です。

△仲間から注意されることが多い生徒

ネガティブ

　合唱祭の練習では、練習に集中することができず、学級の仲間から注意されることがしばしばありました。これからは、やるべきことを自分で考え、確実にできるように心がけていくとよいでしょう。

ポジティブ

　合唱祭の練習では、音程に自信がなく、なかなか大きな声を出して練習に取り組むことができないこともありましたが、本番では学級の仲間と協力し大きな口を開けて一生懸命歌うことができました。**今後も苦手なことに果敢に挑戦し、成長していくことを期待しています。**

　練習に集中できないことには何か理由があるはずです。まずはその点を理解してあげることが大切です。また、本番は本人なりに一生懸命取り組むはずなので、よかった点はきちんと書くようにしましょう。さらに、この経験を次の成長につなげてほしいという教師の期待を伝えることも大切です。

△練習に真剣に参加できない生徒

ネガティブ

　卒業式の練習では、真剣な態度で臨めず注意されてしまう場面がありました。先輩や仲間に敬意を払い、大事に思う気持ちをもつことが、今後の生活では大切になります。場に応じて自分がどのような態度で臨むべきかを考えられるようになりましょう。

ポジティブ

　卒業式では、厳粛な雰囲気をつくることが大切です。卒業式の練習で集中力を欠くこともありましたが、先輩へのメッセージの中には、感謝の気持ちを書くことができていました。**そのよさを生かし、行動でも気持ちを表せるように成長できることを期待しています。**

　卒業式では厳粛な雰囲気が必要ですが、卒業式を自分のこととして考えることができない2年生もいます。しかし、その中でも、部活動の先輩など特定の先輩には感謝の気持ちを表している生徒は多いはずです。また、今後の目標として、行動で気持ちを表せるようになってほしいという期待も書くようにしましょう。

生命尊重・自然愛護

○多くの生命によって生かされていることに気づき感謝できる生徒

　農村民泊体験学習では、豚の飼育の体験を通して、日ごろ何気なく食している食べ物について考え、人間が動植物などの様々な「命」に支えられていることに気づき、感謝していることがお礼状から伝わってきました。

○生命には限りがあることに気づき大切にしている生徒

　過去に被災された方の話を伺い、話をしてくださったことへの感謝の気持ちやいたわる言葉、そして命には限りがあるからこそ大切にしていきたいという気持ちを、謝辞において伝えることができました。

○生命にはつながりがあることに気づき大切にしている生徒

　保健の授業で生殖機能について学んだ後、生命の誕生について興味をもち、書籍やインターネットで調べたことを自学ノートにまとめ、命が脈々と受け継がれていくことやその神秘について深く考えるようになりました。

○自分の生命が誕生したことの偶然性に気づき大切にしている生徒

　理科で生物の進化について学んだ後、生命の誕生の不思議について考えました。「いろいろな偶然が重なって誕生した自分の命を大切にしたい」というメッセージを、１分間スピーチで学級の仲間に伝える姿が印象的でした。

○自分の生命も他の生命も大切にしようとしている生徒

　「いのち」についての講演会では、講師の先生に感想を述べるなかで、「10代の自分たちが今できること」について自分の考えを伝えたり質問したりするなど、積極的に「いのち」について考える姿が見られました。

○被災者を思いやり励まそうとした生徒

　近隣で起きた災害のニュースを見て、「学級でできることはないか」と朝の会で提案し、学級全員が書いた励ましのメッセージカードを集約して現地へ送るなど、学級委員としてクラス全員を巻き込み、励ましの気持ちを伝えることができました。

○生きることの尊さに気づき生命を大切にしている生徒

　道徳の授業で、ガンを患った方が余命わずかな状況でも懸命に生きる姿に感銘を受け、自分が健康でありながら努力が足りていないことなどを内省し、学習面や部活動においてこれまで以上に前向きに取り組もうとするようになりました。

○自然の崇高さに気づき感謝している生徒

農村民泊体験学習での棚田の稲作活動を通じて、自然のすばらしさや自然とともに生きる人々の謙虚さを感じ、これまで意識していなかった自然の崇高さについて考えるようになったことが体験レポートからわかりました。

○自然の中で生かされていることを自覚し感謝している生徒

農村民泊体験学習での活動を通じて、自分が自然の中で生かされていることに気づきました。農家の方へ、体験学習のお礼の言葉とともに、自然に対する感謝の気持ちも伝えることができました。

○自然環境を守ることの意義を知り自然を大切にしようとしている生徒

農村民泊体験学習では、作物の世話だけでなく自然環境を守ることから農作業が始まっていることを農家の方から教えられ、それを契機にこれまで経験がなかった地域のゴミ拾い活動などに積極的に参加するようになりました。

○自然の美しさに気づき大切にしようとしている生徒

農村民泊体験学習の活動を通じて、自然の美しさや神秘に感動しました。そこから芽生えた自然を大切にしたいという気持ちを、文化学習発表会へ向け作成した風景画を通してたくさんの人に伝えることができました。

○積極的に自然とかかわり親しもうとしている生徒

1年次の自然体験学習で知った自然に親しむことの楽しさを、農村民泊体験学習でも味わう姿が見られました。体験学習後も、学年菜園づくりに積極的にかかわる姿が印象的でした。

○自然の力を知り謙虚に向き合おうとしている生徒

防災学習を通じて自然の力のすさまじさを知り、謙虚にそれを受け止めました。災害に備えて知恵と行動力を身につけるために書籍やインターネットでの調べ学習に積極的に取り組み、学級の仲間や家族に伝えようとする姿が見られました。

○人間と自然とのかかわりについて深く考えている生徒

理科の「気象のしくみと天気の変化」の学習で学んだことを農村民泊体験学習の際に思い出し、農家の方から教えていただいたことと結びつけながら人間と自然とのかかわりについて考えたことを新聞にまとめ、発表することができました。

△様々な生命によって生かされていることに気づけない生徒

ネガティブ

　農村民泊体験学習では、動物の飼育に携わり、農家の方から「命」に関する話をしていただきましたが、振り返りに「人間と動物は違う」と書かれていました。「命あるもの」という点では同じであることを、何とか理解してほしいと思います。

ポジティブ

　農村民泊体験学習後の振り返りに「人間と動物は違う」と書いていたことについて、**その理由や○○さんの考えを聞かせてもらいました。**「命あるもの」という点では同じであることに気づいた○○さんの**今後のさらなる成長に期待しています。**

　教師とは違う意見をもつ生徒に対して、一方的におかしいと伝えるのではなく、生徒の言い分に耳を傾け一緒に考えたいと寄り添った教師の姿を伝えています。また、教師と話し合った結果、視野が広がった生徒の姿とともに、今後の成長を期待する言葉も伝えることが大切です。

△すぐに「消えたい」と口にする生徒

ネガティブ

　辛いことや嫌なことがあると、すぐに「消えたい」と口にする癖があります。気持ちはわかりますが、安易にそのような言葉を口にせず、物事を前向きに捉えて進んでいくことが大事です。がんばってください。

ポジティブ

　友だちが困っているとき、**いつも前向きな言葉で励ましている○○さんに感心します。**だれでも、自分に辛いことがあると、ついマイナスな言葉を口にしてしまうことがあるものですが、**時には自分にも励ましの言葉をかけてあげてください。**

　教師は早く改善してほしいという焦りから、生徒の課題をストレートに伝えてしまいがちです。しかし、一度冷静になって、生徒のネガティブな面だけでなく、いろいろな視点からポジティブな面を捉えるようにすることが大切です。それを具体的に伝えることや、これからどうしていくかなどのヒントを添えることが、生徒の今後の成長へとつながります。

△自然に対して無関心な生徒

ネガティブ

　農村民泊体験学習での棚田の稲作活動では、積極的に活動する姿が見られず、振り返りにも「早く帰りたかった」と書かれているなど、大変残念でした。自然とかかわり、大切にしようとする気持ちをもつことは大切です。これから変わっていってほしいと思います。

ポジティブ

　農村民泊体験学習での稲作活動は苦手な活動だったようですが、**棚田から夕日を見つめる○○さんの姿には、自然の美しさに感動し、いとおしむ気持ちが表れているように感じられました**。時にはあの日のことを振り返ったり、身近な自然に触れてみたりしてください。

　2年生では、一生懸命に取り組むことをはずかしいと感じたり、素直に自分の気持ちを表現することを嫌がったりする生徒が往々にして見られます。そのようなとき、教師は生徒の心の奥底に隠れているであろう「本音」を探り、さりげなく「先生はわかっていますよ」と伝えるとよいでしょう。

△自然災害を自分のこととして捉えられない生徒

ネガティブ

　防災学習では、「自分たちの地域ではこういうことは起こらないから、どうしてこんな勉強するのかわからない」という発言が気になりました。いつ同じような災害に見舞われるかわかりません。もう少し、自分のこととして考えてほしいと思いました。

ポジティブ

　被災の体験がない中で自然の力の怖さを理解するのは難しいことです。防災学習の後でそのことを伝えると「何となくイメージはできるんですが」とつぶやいていましたね。**まずはそのイメージをもって自然と向き合っていくことが大切**だと思います。

　まずは、生徒に共感することが大切です。そのうえで、少しだけでも生徒の中にある前向きな気持ちを取り上げ、これからどうしていくことが大切であるかを伝えます。そうすると、生徒は教師が自分に共感してくれたことをうれしく思い、素直に自分の言動を振り返り、今後どうすることが大事かを考え始めるでしょう。

勤労・奉仕

○生徒会長として活躍している生徒

　生徒会長として、３年生を送る会の企画や運営に、他の役員へ声をかけながら先頭に立って取り組みました。当日は３年生の先輩が喜んでくれるように会を盛り上げました。また学校の顔としてのあいさつは、堂々としていて頼もしさを感じました。

○生徒会役員として活躍している生徒

　生徒会役員として、会長や副会長の仕事をサポートしながら活動することができました。また生徒集会では、早朝から準備をするとともに、任された司会を確実に務めることができました。

○学級代表として活躍している生徒

　部活動激励会では、学級代表として先輩へ熱いエールを送ることができました。応援練習でも学級の先頭に立ち、みんなの模範となって行動するだけでなく、さらによくなるように全体に指示を出すことができました。

○学級書記として活躍している生徒

　学級書記として、学級集会のときにクラスから出てきた意見を丁寧にまとめたり、次の日の連絡を確実に黒板に記入したりするなど、学級のために責任ある態度で自分の仕事に取り組むことができました。

○広報委員として活躍している生徒

　広報委員として昼の放送や新聞掲示を確実に行うなど、自分の役割に対して責任ある態度で取り組むことができました。また、放送で流す曲のリクエストを呼びかけるなど、積極的に委員会活動に取り組みました。

○美化委員として活躍している生徒

　後期になり、美化委員会の委員長に立候補しました。前期の委員会活動の経験を生かし、清掃週間のときには、生徒集会で清掃の意義やポイントなどを発表するなど、意欲的に活動しています。

○体育委員として活躍している生徒

　体育委員として体育祭の準備や当日の係の活動を確実に行うなど、自分の役割に対して責任ある態度で取り組むことができました。また、体育倉庫の片づけを同じ委員会の仲間とともに進んで行うことができました。

○英語係として活躍している生徒

英語係として、持ち物の連絡や課題の集配を確実に行うなど、自分の役割に対して責任ある態度で取り組むことができました。また、授業では ICT 機器の準備や片づけを進んで手伝うことができました。

○体育係として活躍している生徒

体育係として持ち物の連絡や体育カードの集配を確実に行うなど、自分の役割に対して責任ある態度で取り組むことができました。また、毎時間の授業の準備や片づけ、集合の号令も進んで行うことができました。

○昇降口の清掃に一生懸命取り組んでいる生徒

清掃活動では、昇降口の下駄箱の砂をきれいに掃いたり、汚れているところを雑巾がけしたりするなど、自分の役割に責任ある態度で取り組みました。下駄箱がいつもきれいなので級友も気持ちよく使うことができます。

○教室の清掃に一生懸命取り組んでいる生徒

きれいな環境になるように教室の床を丁寧に雑巾がけするとともに、黙掃を意識して清掃活動に取り組むことができました。おかげで清掃後の教室の床はいつもピカピカで気持ちよく過ごすことができます。

○廊下や階段の清掃に一生懸命取り組んでいる生徒

清掃では、廊下や階段を隅々までほうきで掃き、ゴミを集めました。また時間が余ると、手すりなどの汚れている場所を見つけて雑巾できれいに拭き、時間いっぱいまでしっかり取り組むことができました。

○当番活動に一生懸命取り組んでいる生徒

給食当番では、協力して配膳するだけでなく、配膳台の下にわずかにこぼれたスープも見逃さずに拭くなど、他の人がなかなか気づかないところにまで心配りしながら取り組むことができました。

○ボランティア活動に積極的に取り組んでいる生徒

早朝の清掃ボランティアや地域のボランティア活動に進んで参加しました。ボランティア活動を通して、人のために行動することのすばらしさや喜びを体得することができました。

△委員会活動を忘れてしまう生徒

ネガティブ

　後期は放送委員として活動をしましたが、夕方の下校の放送を忘れてしまうことがありました。全校生徒の下校が遅れてしまうので、自分の任されたことに確実に取り組んでいきましょう。

ポジティブ

　後期は放送委員として活動に取り組みました。始まった当初は委員会活動でうまく取り組めない場面もありましたが、**当番の日を一緒に担当する委員会の人と確認しながら行うように改善しています**。次の学期には、この取組の成果が表れてくると思います。

　委員会の当番活動を忘れてしまう生徒です。当番活動を忘れてしまうという事実だけを伝えるのではなく、その事実を克服するためにどのように取り組んでいるのかを伝えます。次学期には、この取組が実際によい結果につながっていれば、そのことをきちんと伝えることが大切です。

△掃除活動にきちんと取り組めない生徒

ネガティブ

　清掃では、理科室の床をほうきで掃き、ゴミを集めました。しかし、自分の仕事が終わったら友だちとしゃべってしまっていたので、残った時間も自分から仕事を見つけ、時間いっぱいまで取り組んでほしいと思います。

ポジティブ

　清掃では、理科室の床をほうきで隅々まで掃き、ゴミを集めました。このように、**決められた仕事にはてきぱきと取り組むことができている**ので、残った時間に机の上を拭いたり、流しを片づけたりするなど、**自分から仕事を見つけて取り組めると、さらにすばらしい**です。

　自分の掃除分担が終わったら、友だちとおしゃべりをしてしまう生徒は少なくありませんが、自分が任された仕事が終わっても、時間いっぱいまで掃除に取り組ませたいものです。そこで、まずは生徒のきちんとできているところを伝え、評価します。そして、さらにこうしていくとよりよいことを具体的に伝えることで、さらなる成長を促します。

△当番活動をおそろかにしてしまう生徒

ネガティブ

　給食では、ペアで協力して牛乳を運んだり、配ったりする当番になっていましたが、仕事を忘れていることもあり、声をかけてもらって行動していました。自分のやるべきことを忘れているとみんなに迷惑をかけてしまいます。

ポジティブ

　給食当番として、牛乳を運んだり配ったりしました。**ペアの友だちと声をかけ合いながら行動できるようになってきました**。みんなのためになる活動に取り組むことができるようになってきたのは、とてもよいことです。

　給食当番にしっかり取り組めない生徒です。取り組めていないことだけを伝えるのではなく、工夫して少しでもできるようになってきたことを見つけ、伝えていくことが大切です。また、自分が当番活動に取り組むことが学級のためになるという側面にも気づかせたいところです。

△係活動を忘れてしまう生徒

ネガティブ

　英語係として活動しましたが、次の時間の持ち物の連絡や課題の集配を忘れてしまうことがありました。任された仕事を忘れてしまうと、級友が困ってしまいます。自分の役割に対して責任をもって取り組めるようにしましょう。

ポジティブ

　英語係の仕事で、持ち物の連絡や課題の集配を忘れてしまうことがあったので、**ペアの生徒と声をかけ合いながら取り組む工夫をしました**。また、授業で使うICT機器の準備や片づけ、授業中のプリントの回収などの仕事には、積極的に取り組んでいます。

　係の仕事を忘れてしまう生徒です。活動を忘れてしまうという事実だけを伝えるだけではなく、その事実を克服するためにどのように取り組んでいるのかを認め、伝えることが大切です。また、他によくできていることを見つけ、それをあわせて伝えていくことで、次学期以降のモチベーションアップにつなげます。

生活

学習

特別活動

特別なニーズ

公正・公平

〇してはならないことを注意できる生徒

　いつも仲良くしている友だちにでも、してはいけないことがある場合には、「それはよくないことだよ」とはっきり伝えることができます。分け隔てすることのない姿勢で、学級のリーダーとして活躍する場面をたくさん見ることができました。

〇だれにでも明るくかかわることができる生徒

　だれに対しても明るく、優しくかかわることができます。また、話し合い活動のときには、普段かかわりがあまりない仲間から積極的に話を聞いたり、自分の考えを伝えたりする姿がよく見られました。

〇弱い立場の人に積極的に声かけを行うことができる生徒

　気が弱く、自分の考えを伝えることに苦手意識をもつ友だちに対して、話し合いの時間の際に、積極的に考えを引き出そうとする姿が見られました。そのため、学級の仲間から大変好印象をもたれています。

〇だれに対しても公平に接することができる生徒

　毎朝、登校してから全員にあいさつする姿が見られます。だれとでも分け隔てなく接することができる〇〇さんの姿から、友だちの表情がいつも笑顔になっていて、たくさんの元気をもらうことがきます。

〇みんなのためにルールをつくろうとする生徒

　学級で困ったことがあった際、どうしたらみんなが困らないかを話し合う場をつくり、みんなが納得するまで話し合いを続け、ルールづくりに貢献しました。〇〇さんの取組により、学級が安心して生活できる場となっています。

〇みんなで決めたルールを守ろうとする生徒

　学級のみんなで決めたルールを守らない友だちがいた際、ルールの意味や必要性を一生懸命に考えて伝える姿が見られました。このような〇〇さんの態度が、学級全体に安心感を生み出しています。

〇1つの考えに流されない生徒

　学級全体が1つの考えに流されそうになったとき、本当にその考え方が正しいのかということに疑問をもち、話し合いの場をもつように提案してくれました。〇〇さんのおかげで、本当に正しいと思うことをみんなで改めて考えることができました。

○委員会の仕事を通して不正をなくそうとする生徒

定期テストの前に、委員会の仕事として、「絶対に不正をなくそう」というポスターを作成して、学級の仲間に一生懸命伝える姿が見られました。どんなときも不正はよくないのだという主張が、仲間にもしっかりと伝わっていました。

○正義感の強い生徒

正義感が強く、よくないことをした友だちや後輩を見たときには、毅然とした態度で注意し、改善を図ろうと働きかける姿が数多く見られました。周囲の友だちも、そんな○○さんの行動力に感心しています。

○公平な考えができる生徒

校外学習のグループ決めをする際に、学級の全員が納得するような決め方ができるようにと心を配りながら、話し合いの中心となって考えをまとめる姿が見られました。○○さんの行動で、学級全体の雰囲気が一体になりました。

○いじりやいじめに対して毅然とした態度がとれる生徒

学級内でいわゆる「いじり」と思われる様子を偶然見かけた際に、いじられている級友を率先して助け、先生にも教えてくれました。また、学級内の人間関係をよりよくしようと、レクリエーションを考えるなど、リーダーとなって取り組んでいます。

○差別を許さない生徒

友だちに対して不快な言動をする同級生に、「その言葉はよくないと思うから止めよう」と、毅然とした態度で注意する姿が見られました。差別を許さないという態度を多くの場面で見せ、学級の仲間の模範となっています。

○男女間の仲を取りもつことができる生徒

だれとでも分け隔てなく仲良くかかわることができます。男女のグループ間でトラブルがあった際にも、どちらか一方の味方になるのではなく、両方の話を聞いて、円満な解決へと導いていました。

○自分の過ちを素直に認めることができる生徒

常に公平に物事を考えて判断し、落ち着いた態度で友だちとかかわることができています。また、自分が失敗したときも、素直に認めて正直に謝ることができるため、多くの仲間から信頼されています。

生活

学習

特別活動

特別なニーズ

△正義感が強過ぎる生徒

ネガティブ

　不正を許さないという毅然とした態度を大切にするあまり、周囲の同級生に厳しくあたることが多かったようです。少しずつ相手のことも考えてかかわっていかないことには、よりよい人間関係を築くことはできません。

ポジティブ

　不正を許さないという毅然とした態度を大切にしながら友だちとかかわることができています。正義感から時には厳しく接することもありますが、**だれとでも分け隔てなく接することができるため、周囲から安心感をもたれています。**

　不正を許さないという態度は、いじめやいじりといったトラブルを防ぐことにつながるので、わかりやすく肯定的に伝えることが大切です。また、厳しさの中には必ず優しさも含まれているので、生徒の人間関係をしっかりと観察しながら、よいかかわりをしている部分を積極的に捉え、伝えていくことがポイントです。

△自己中心的な言動が目立つ生徒

ネガティブ

　時と場をあまり考えないで、自分がしたいと思うことだけを伝えようとする姿が目立ちました。今のままでは偏った見方になってしまい、望ましい人間関係を築くことができないため、気をつけてほしいと思います。

ポジティブ

　自分の考えていることをしっかりと相手に伝えることができます。今は、時と場に応じた伝え方や、友だちの考えからヒントをもらうことの大切さを**一緒に考える時間を定期的に設けているので、これからの成長がとても楽しみです。**

　自分の考えていることを伝えることは、よりよい人間関係を築いていくためにとても大切なことです。そのうえで、公正・公平な態度も身につけられるように、他者とのかかわり方を指導する必要がありますが、具体的にどのような指導を行っているのかを所見を通して伝えることで、保護者も安心します。期待感を込めて伝えることがポイントです。

△思いばかりが先立ってしまう生徒

ネガティブ

　自分が正しいと思ったことは、後先関係なくどんなことでも貫き通していくため、友だちとの関係が悪くなることが心配です。友だちの考えを少しでも聞き入れようとする姿勢を大切にしてほしいです。

ポジティブ

　自分が正しいと思うことを信じて前に進もうとする姿がとてもかっこいいです。今は、友だちの話を聞いて自分の成長につながることを探すということを目標にしているので、**次の学期に○○さんの新たな一面を発見できることを楽しみにしています。**

　今できていることを積極的に受け止め、肯定的に伝えていくことは生徒の自信につながります。また、公正・公平な姿勢を築くには、他者の考えを取り入れていくことが重要なので、その練習をしている場合には、期待感を込めて生徒の成長を応援することが大切です。

△相手によって言動が変わりがちな生徒

ネガティブ

　たくさんの友だちと積極的にかかわることはよいのですが、人によって言動を変えることが目立ちます。そうした態度を今後も続けてしまうと友だちから信用されなくなるので、次の学期では改善することを目指していきましょう。

ポジティブ

　たくさんの友だちと積極的にかかわりながら人間関係を広げていく姿がたくさん見られました。**かかわりの中で、だれとでも分け隔てなく接することを大切にしていくと、今以上によい友人関係をたくさん築くことができるはず**です。先生も応援しています。

　よくない傾向の改善を直接的に促すのではなく、よいところをさらによくするにはどうしたらよいのかを具体的に伝える方が効果的です。また、どんな生徒でも応援されることで、「もっとがんばろう」という意欲が高まるので、ひと言でもよいので応援の言葉を添えることが大切です。

公共心・公徳心

○学校のリーダーとして全体に貢献した生徒

　生徒会副会長として会長を助け、生徒会主催のあいさつ運動や清掃活動の企画・運営に意欲的に取り組むなど、生徒会の中軸として、学校をよりよくするために活躍することができました。

○委員会活動で学校全体に貢献した生徒

　図書委員長として、学級文庫の貸出票の点検を率先して行いました。また、図書室のレイアウトの工夫や新刊の紹介等の記事を図書だよりに掲載するなど、読書の励行に熱心に取り組むことができました。

○部活動のリーダーとしてチームに貢献した生徒

　部活動の主将として、日々の練習や活動の指示をしたり、あいさつや礼儀にもこだわってチームメイトに声をかけたりするなど、チームのまとめ役として力を発揮することができました。

○部活動でチームに貢献した生徒

　吹奏楽部の演奏会では、パートリーダーとして、同学年だけでなく、１、３年の生徒もまとめ、楽器の音色や表現をしっかりとそろえてすばらしい演奏を披露することができました。

○体育大会で活躍した生徒

　体育大会では、昨年の応援団の経験を生かし、演技の案やセリフなどの案を積極的に出しました。また、１年生に声の出し方や演技を熱心に指導し、団としてのチームワークの向上に努めました。

○合唱コンクールで学級に貢献した生徒

　合唱コンクールでは、欠席しがちな友だちに声をかけて一緒に歌ったり、まわりに声をかけることで参加しやすい雰囲気をつくったりするなど、学級の全員が協力して合唱できるように貢献することができました。

○自然教室で班に貢献した生徒

　自然教室の飯盒炊さんには、丁寧に食材を切ったり、火を起こしたりするなど、まわりと協力して取り組むことができました。さらに、だれに言われずとも率先してかまどの後始末をする姿は大変立派でした。

○学級のリーダーとして貢献した生徒

　リーダーとして学級の中心となり、常に仲間の気持ちを大切にしながら行動することができました。様々な意見を調整したり、建設的な意見を出したりするなど、粘り強く学級集団をまとめ上げました。

○学級のリーダーを支える生徒

　学年集会や全校集会の場では、学級代表を助け、学級代表の目が届かないところまで気がつくことができました。率先して学級の仲間に声をかけ、会がスムーズに進行するよう貢献することができました。

○清掃活動に熱心に取り組んだ生徒

　学級の美化係として、教室の棚の後ろや手の届きにくい窓ガラスの部分など、普段見落としがちなところの清掃にも労を惜しまず取り組みました。その姿は、常に他の生徒の模範となっていました。

○進路学習で考えを深めた生徒

　職場体験学習では、お世話になった障がい者福祉施設での体験に感銘を受け、その後も定期的に訪問しています。振り返りでは、「住みよい社会の実現には、一人ひとりの意識が大切だ」と記述するまでになりました。

○ボランティア活動に熱心に取り組む生徒

　地域の清掃活動に率先して参加し、地域の方と協力してゴミを拾ったり、落ち葉を集めたりする中で、自分たちでよりよい社会にしていこうという意欲を高めることができました。

○伝統や文化を大切にしている生徒

　地域の秋祭りボランティアに毎年参加しているのはすばらしいことです。地域の青年団の方々と協力して、自分自身が学んできた伝統行事の大切さに触れながら、後輩である小学生に対して、丁寧な指導ができました。

○国際的な視野をもっている生徒

　ノルウェーとの国際交流では、ノルウェーの地理や生活、歴史や文化などについて熱心に話を聞きました。ノルウェーの特色を知る中で、我が国の伝統や文化についての知識を深めることも大切だと気がついたことは立派です。

生活　学習　特別活動　特別なニーズ

△学校の規則を守れない生徒

ネガティブ

　ルールを逸脱した行動によって、周囲に迷惑をかけたり、注意を受けたりすることがありました。善悪を判断する力をしっかり身につけ、今後はまわりの生徒の気持ちなども考えた行動ができるようになりましょう。

ポジティブ

　ルールを逸脱してしまい注意を受けたことがありましたが、**少しずつ周囲の様子やまわりの人の気持ちを考えて行動することができるようになってきました。持ち前の明るさを、仲間を前向きにするという方向で発揮し**、さらに活躍することを期待しています。

　欠点やそれにかかわる事実だけを伝えるのではなく、小さい成長もしっかりと見取り、生徒の変容を評価します。また、欠点を欠点として捉えるだけでなく、その中に含まれる生徒のよさをも見いだし、ポジティブな形で発揮することを促すという伝え方もあります。

△部活動に消極的な生徒

ネガティブ

　部活動では、先輩との関係で悩んだこともあり、休みがちになっています。何事も続けることが大切です。自分自身が好きで選んだ部活動ですから、初心にかえってがんばってください。

ポジティブ

　部活動では先輩との関係で悩み、休みがちでしたが、**参加した日には、部員のために準備や片付けを進んで行う姿や、仲間と協力して練習する姿**が見られました。次の学期は、参加する日数が増え、さらに活躍することを期待しています。

　部活動に参加していないという事実のみに着目するのではなく、部活動の顧問の先生に話を聞いて、参加した日にどのように取り組んでいたか、どのように部活動の仲間たちに貢献をしていたかを伝えるようにします。また、「がんばってください」だけでなく、教師の期待の気持ちが伝わるような表現を工夫することも大切です。

生活

学習

特別活動

特別なニーズ

△委員会の仕事を忘れてしまう生徒

ネガティブ

保健委員会では、水質検査や石けんの補充などの仕事を忘れがちで、担当の先生から注意を受けることが何度かありました。今後は、学校全体にかかわる仕事であることを自覚し、責任をもって取り組むことができるようがんばりましょう。

ポジティブ

保健委員会では、水質検査や石けんの補充などの仕事を忘れてしまうことがありましたが、担当の先生から指導を受ける中で、学校全体にかかわる仕事の大切さに気づくことができました。その後は、**当番の日をメモするなど忘れずに取り組むことができるよう工夫しています。**

仕事を忘れがちであるという事実だけを伝えるのではなく、その事実を克服するために、教師がどのように指導したのか、その後本人はどのようなことに取り組んでいるのかを丁寧に伝えます。

△集団行動でまわりの生徒に迷惑をかけてしまう生徒

ネガティブ

自然教室では、飯盒炊さんやテントの設営などの際、手伝わずに自分勝手な行動をとってしまう場面がありました。集団の中での自分の振る舞いについて、冷静に見つめることができるようになるとよいですね。

ポジティブ

自然教室では、班の仲間と協力できず、自分勝手な行動をとってしまうことがありましたが、オリエンテーリングなどの活動では、自分の役割をしっかり果たし、班の仲間に貢献している姿が見られました。**集団の中での自分の振る舞いについて、冷静に見つめることができるようになりつつあります。**

活動の中で、多くの行動が全体に迷惑をかけてしまう生徒がいるかもしれません。しかし、そんな生徒でも、小さな行動を評価し、前向きに伝えたいものです。視点を変え、「同じ班の生徒目線だと助かった部分はなかったか」と考えることも大切です。また、語尾を「できるようになりつつあります」とすると、成長してほしいという教師の思いはそのままに、読み手がよりポジティブに受け止めることができる文脈になります。

第2部
通知表の所見文例

第2章
観点・段階別
学習にかかわる所見文例

　本章では、教科の学習にかかわる所見文例を紹介します。

　文例は、新しい学習評価の３観点（「知識・技能」「思考・判断・表現」「主体的に学習に取り組む態度」）に分類してあり、それぞれ３段階の評価（「◎十分満足できる」「○概ね満足できる」「△努力を要する」）に対応する形で示してあります。ただし、「△努力を要する」に対応した文例も、不十分な取組を指摘することを目的としているのではなく、評価に表れなかった努力や改善の取組を見取り、励ますための所見と考えてください。

■知識・技能

◎国語の授業でインタビューをするときには、話し手が気持ちよく話せるように、聞き手は和やかな雰囲気をつくり出し、一問一答で終わらないように、どのように質問をすると相手がさらに話したくなるか理解することができました。

◎国語の学習では、魅力的な提案をするために、相手を考えて情報を集め、資料や機器などを活用して印象に残るようにすることが大切であると理解することができました。相手が自ら動きたいと思えるような言葉や表現を用いて提案していました。

◎小説では、登場人物の言葉や行動が話の展開や作品の印象にどうかかわっているかを理解したうえで、自分の考えを発表しました。また、描かれていない言動の意味や心情についても想像を働かせ、作品をより深く読み味わうことができました。

◎筆者が自分の考えを述べる文章では、文書に含まれる情報を文章の種類や内容、述べ方などの観点ごとに表に整理して比較することで、共通点や相違点、それぞれの特徴を理解することができました。

◎古典では、現代語訳や語注などを手がかりに作品を読むことで、古典に表れたものの見方や考え方を理解することができました。また、古典の文章独特の調子やリズムを意識して朗読することができました。

○本や文章などには、様々な立場や考え方が書かれていることを理解しています。また、教材文を通して研究者の考え方や探究心に触れ、研究にかかわる様々な本を読んで、自分の考えを広げたり深めたりすることができました。

○手紙や電子メールで何かをお願いする文面を書くときには、どのような言葉で、どのように書くと相手に引き受けてもらいやすいのかを理解し、文章を書くことができました。

△当初、自分の考えを話すことに少し苦手意識があったようですが、討論を行う前に、テーマについて一緒に情報を集め、自分は賛成なのか反対なのか立場を明らかにすることで、小グループでは自分の考えが話せるようになってきました。

△国語の学習では、当初、単語の活用や助詞や助動詞などの働きについて学ぶことに少し苦手意識があったようですが、資料を用いて具体例をあげながらわかりやすく学ぶことで、少しずつ理解できるようになってきました。

△当初、人物像や表現に着目しながら作品を読み解くことに苦手意識があったようで、人物、時、場所、出来事などに着目していくつかの場面に分けて一緒に考えてきました。今後は、他の作品を読むときに生かせるようになることを期待しています。

■思考・判断・表現

◎物語を読み深めていく学習では、登場人物の言動や心情が、場面が展開する中でどう描かれているか、どう変化したかを読み取ることができました。自分が感じた作品の魅力を文章にまとめ、グループで語り合うこともできました。

◎適切な情報を得るためには、本、雑誌、新聞、テレビなどのメディアの特性を捉え、発信者や発信日時、その文章が書かれた目的などを確認することが重要であることを理解し、メディアの特長を生かして情報を集めることができました。

◎「書くこと」においては、自分の意見を明確に伝えるために、賛成なのか反対なのか自分の立場をはっきりさせ、その根拠を考えることができました。また、反論を想定して構成を考え、意見文にまとめることができました。

◎「読むこと」においては、文章に含まれる情報を観点ごとに整理し比較することで、筆者がなぜそのような書き方を選んだのか、書かれた目的や意図と結びつけて、その効果を考えることができました。

◎「話すこと・聞くこと」においては、地域や社会で話題になっていることの中からテーマを決め、自分と異なる立場や考えを想定しながら集めた材料を整理し、自分の考えをまとめ、発表することができました。

○自分の好きな短歌を一首選び、歌われている情景や作者の思いを想像して読み、内容や表現の仕方について感じたことを自分の言葉でまとめることができました。友だちと話し合うことで、自分の考えとの違いに気づくことができました。

生活

学習

特別活動

特別なニーズ

○図表が入った記事や資料を読むときには、その図表が何のために示され、文章のどの部分とどのような関係で結びついているのかを、対応する文章から考えることができました。

△当初、人物の言動や心情が、場面が展開する中でどう描かれているか、どう変化したかを読み取ることに少し苦手意識がありました。着眼点をいくつかあげて一緒に考えていくことで、自分の考えがもてるようになってきました。

△国語の授業では、友だちの話を黙って聞くことはできても、質問をして話を引き出すことには少し苦手意識がありました。理由を尋ねたり、具体化を促したりなどの聞き方を個別に練習することで、少しずつ質問できるようになってきました。

△国語の学習では、当初、鑑賞文を書くことに少し苦手意識がありましたが、美術作品を鑑賞するときの観点や感じたことを表す言葉を具体的に伝え、より効果的に伝える表現方法を一緒に考えることで、鑑賞文が完成しました。

■主体的に学習に取り組む態度

◎進んで文章を読み、作者の四季に対するものの見方や感じ方に触れ、理解したことや考えたことを自分の知識や経験と結びつけ、自分ならではの季節感を表す文章を意欲的に書くことができました。

◎国語の学習では、調べてみたい職業を決め、知りたいことを知るためにはどのように情報を収集したらよいのかを考え、収集した情報を分類・整理しながら粘り強く取り組み、「職業ガイド」を完成させることができました。

◎国語の授業において、相手に理解してもらえるように伝えるために、情報を集め整理したり、どのように説明するとわかりやすいか効果的な構成を考えたりしながら、意欲的に学習に取り組んでいました。

◎物語を読んで、優しさや温かさ、悲しさや寂しさなど、作品から受けた印象や特徴について考え、なぜそう捉えたのか、具体的な場面や描写を基に述べながら、仲間と意欲的に交流していました。

◎国語の授業で友だちにインタビューするときには、話し手が気持ちよく話せる雰囲気をつくっていました。また、一問一答で終わらせないように、相手の話を受けて返す質問の仕方について学び、一生懸命練習することができました。

◎古典の文章をリズムを味わいながら繰り返し音読することができました。また、作品に登場する人々の思いや行動について意欲的に考え、描かれている古典の世界を自分なりに想像することができました。

◎文章の構成や表現の特徴について、比較によってはじめて気づいたことや理解が深まったことを踏まえて、文章を比較することの効果について意欲的に友だちと話し合っていました。

○国語の授業では、使う助詞によって意味する内容が変わることがわかり、これまでの学習を生かして、助詞や助動詞の働きについて理解しようと積極的に学習に取り組むことができました。

○国語の授業で討論を行うときは、自分の立場を決め、根拠を明らかにして自分の考えを話すことができました。また、互いの考えの共通点や相違点、話し合いの論点を踏まえて、進んで発言しようとしていました。

△文章と図表を結びつけて読むことに苦手意識がありましたが、数値や変化、違いなど図表を読むときの観点を具体的に出して一緒に考えることで、筆者の考えが読み取れるようになり、進んで話し合おうとする姿が見られました。

△当初、話すことより、話を聞いて質問することに少し苦手意識がありましたが、インタビューする前に「話し手としての準備」と「聞き手としての準備」の両方を行うことで、相手の話を受けて返す質問をしてみようという意欲が表れ始めました。

△当初、書くことに苦手意識がありましたが、これまでに読んだ物語や小説を参考にしながら、自分が体験した心に残る出来事を基に物語をつくればよいことに気がつきました。それ以来、登場人物やあらすじを自分で考えようとする姿が見られるようになりました。

生活

学習

特別活動

特別なニーズ

社会

■知識・技能

◎歴史の学習では、「江戸幕府が長期間安定した政治を行うことができたのはなぜか」という課題に対して、幕府の支配体制に着目して調べ、大名の配置や法、身分制度や鎖国などについて深く理解することができました。

◎開国と近代日本の歩みの学習では、ペリーが日本に来航し、開国に結びついた出来事を、産業革命やそれに伴う欧米の植民地拡大という時代背景と関連させて理解することができました。

◎歴史の学習では、明治維新の三大改革について調べ、江戸時代と比較しながら改革の目的や結果などをノートにまとめることができ、新政府が急激な改革を行った理由について考えることにつながりました。

◎日清・日露戦争と近代産業の学習では、日本が、戦争を通して領土を獲得し、帝国主義国の一員となっていく過程を、明治維新からの１つのストーリーとして理解することができました。

◎歴史の学習では、歴史上重要な出来事やそれにかかわる人物について、年表や図などの資料から関係図を自作したり、前後の時代と比較したりしながら、正しく理解することができました。

○地理の学習では、世界の中での日本の位置やその表し方、時差の生じる仕組みや二地点の時差の求め方を理解し、日本と外国との経度の差から現地の時刻を求めることができました。

○歴史の学習では、主な出来事や主要人物など、事象の概要をつかむことができています。前後の時代との比較や、因果関係などに目を向け、より深く理解することができるように努めるとよいでしょう。

△地理の学習では、日本の各地方の特色をつかむことに少し苦手意識が見られます。自分の住んでいる地域の特徴を数値化し、各地方のデータと比べることで、実感として理解することができるようにしましょう。期待しています。

△歴史では、時代区分や時代の大まかな流れをつかむことが少し苦手なようです。時代を代表する出来事や人物を中心に、関係図をつくったり、年表を活用したりする習慣をつけましょう。次学期の取組に期待しています。

....

△歴史の学習では、資料から情報を読み取ることにやや苦手意識が見られます。資料からわかる事実と、その事実から考えられることを分けて考えることで、資料の読み取りに慣れていきましょう。○○さんなら、必ずできるようになります。

■思考・判断・表現

◎世界から見た日本の気候の学習では、日本の各地の気候区分を比較し、その特徴をつかむとともに、自分の住む地域がどの気候区分に属するのかを、地図や雨温図を基に考えることができました。

....

◎自然災害と防災への取組の学習では、日本における自然災害について、概要をつかんだうえで、自分の住む地域の特徴から、どんな災害が起きやすいのか、そのときにだれがどんなことをすればよいのかを具体的に考えることができました。

....

◎中国・四国地方の学習で、四国新幹線建設の是非について議論した際には、他地域の新幹線開通時のデータを基に考え、新幹線建設が過疎の解決につながるとは限らないという意見を、数値を用いてわかりやすく説明することができました。

....

◎明治時代の文化の学習では、当時の日本の国際関係や就学率の変化などの資料を基に、世界で活躍する日本人が多数登場した理由について、教育の普及や日本の国際的立場の向上などから考え、説明することができました。

....

◎産業革命の進展の学習で、日本の産業革命について学んだ際には、資本家と労働者の格差が広がったという事実について、欧米の産業革命と比較しながら、その類似点について記述することができました。

....

○九州地方の学習では、水俣市が過去に深刻な環境汚染に苦しみながらも、改善することができた理由について考えることができました。さらに自分の住む地域の事例と関連させながら考えることができるようにしていきましょう。

○歴史の学習では、重要な出来事や人物について概要を説明することができます。今後は、過去の出来事との関連について考えたり、次の時代にどのような影響を与えるかについても言及したりしてより深く表現できるとよいでしょう。

△地理の学習では、世界の産業の特色や資源の分布をつかむことにやや苦手意識が見られます。これまでの地域ごとの学習と結びつけながら、資源と産業の関係性や日本とのつながりについて考えることで特色をつかむことができます。次学期のがんばりに期待しています。

△日本の諸地域の学習で、学習したことの一般化に少し苦戦しているようです。取り上げた地域の課題が他の地方でも当てはまるかを考え、判断していくことで、一般化しやすくなります。○○さんならではの工夫を期待しています。

△歴史の学習では、時代ごとの中心的な出来事や特色をつかむことが少し苦手なようです。前の時代との比較をしたり、次の時代にどうなっているかを予測したりすることで、その時代の出来事が捉えやすくなります。○○さんなら必ずできます。

■主体的に学習に取り組む態度

◎毎日のニュースや天気予報を見て、そこで取り上げられていた内容や言葉を、日本の諸地域を学ぶ際に活用することができます。生活経験と学習内容を結びつけようとする姿勢がすばらしいです。

◎北海道地方の学習では、住民たちが厳しい自然環境にどのように適応してきたかをつかむだけでなく、他地域との共通点や相違点を考えながら学習を進めることができました。

◎日本や世界のニュースに関心をもち、日常的に話題にするだけでなく、社会科の学習内容と結びつけて考えることで、視野を広げたり、新たな視点に気づいたりすることができ、より深く学ぶことにつながりました。

◎地理の学習では、中国・四国地方で学んだ過疎化に関する内容が、自分の住む地域にも当てはまるかを考え、自主的に調べることができました。自分の地域と関連させて考えることはとても大切です。これからもぜひ続けましょう。

◎歴史の学習では、タブレットを活用して江戸時代や明治時代の貨幣の価値を調べ、意欲的に発表することができました。場面に応じて ICT 機器を効果的に使用する能力が身についています。

◎歴史の学習では、出来事を学ぶ際、概要をつかむだけでなく、かかわった人々の心情も想像しながら学習することができました。心情を考えることは理解の手助けにもなります。これからも続けていきましょう。

◎歴史の学習では、時代の中心的な出来事について、関係年表や関係図を自分でアレンジして作成し、事象や時代の理解に努めることができました。自分で工夫して学習を進める姿勢がすばらしいです。

○地理の学習では、学習内容に基づいた日本の各地方の特色をつかむことができました。今後は、他の地方ではどうなのかという視点をもち、内容を一般化していくことができるとさらに深く理解できるでしょう。

○歴史の学習では、事象の概要を捉えることができています。今後は、事象の原因・影響や、他の事象との関連を考えることで、時代の大まかな流れをつかむことができるようにしましょう。

△地理的分野の学習にやや苦手意識があるようです。自分の住む地域との比較をはじめとして、自分に関係のある事柄や興味のある内容を見つけ、少しずつ学習を広げてみてください。○○さんの力をもってすれば、必ず克服できます。

△地理の学習では、日本の各地方が抱えている課題が、現代の日本で起きていることだという実感が薄いようです。自分の住む地域に置き換えて考える習慣をつけることで、実感がもちやすくなります。次学期の取組に期待しています。

△歴史の学習では、世界で起きた出来事との関連をつかむことに少し弱さが見られます。外国とのつながりがどのように変化してきたかを年表や図にまとめることで、関連づけて把握してみてください。○○さんらしい、前向きな取組に大いに期待しています。

生活

学習

特別活動

特別なニーズ

■知識・技能

◎文字式の用語である「項、単項式、多項式」について、１年での学習を思い出し、自分なりの表現で説明することができました。１年での既習事項を基に、２つの式の加法・減法の方法を類推し、進んで計算問題に取り組むことができました。

◎連立方程式の学習では、一次方程式と比較し、その違いに着目して、文字を１つにすれば解けることを見いだすことができました。加減法で解くか、代入法で解くかを常に考えてから、連立方程式の解法に取り組むことができました。

◎証明の進め方では、問題文から仮定と結論をはっきりと読み取ることができました。また、図形の中へわかっている数値の書き込み方を工夫し、合同な三角形を見つけやすくすることができました。

◎二等辺三角形や平行四辺形の学習に興味をもち、それぞれの性質をいくつか見いだすことができました。また、性質や定理が成り立つことを、仮定と結論をはっきりとさせながら証明することができました。

◎場合の数を漏れや重なりがないように求めるため、順番にこだわった数え方で、わかりやすく説明することができました。また、その数え方を利用して、さいころやくじを使った確率の問題を解くことができました。

〇一次関数では、変化の割合が常に一定であることを表の中から見いだし、みんなに説明することができました。一次関数と比例を比較し、比例のグラフが切片の数だけずれたものが一次関数のグラフであることに気づきました。

〇正三角形は二等辺三角形の特別なものであることに気づき、正三角形の性質をまとめることができました。また、ひし形や長方形が平行四辺形の特別なものであることに気づき、それぞれの性質をまとめることができました。

△乗除が混じった式の計算では、乗法のみの式に直した式を書いて計算することができました。係数が分数の加減の計算ではミスがありますが、分数のときと同じように通分すれば、必ずできるようになります。

△比例については理解ができているので、一次関数との違いや特徴に注目した学習をすれば、より理解が深まります。一次関数は、傾きと切片がわかれば式やグラフが決まります。その２つを意識して問題に取り組みましょう。

△確率を求めるとき、どうしたら簡単に求められるのか試行錯誤し、自分なりに工夫して取り組むことができました。やみくもに数えようとすると、重複や数え忘れをしてうまくいきません。樹形図や表などで順序よく数える方法を身につけましょう。

■思考・判断・表現

◎日常生活の数量の関係を説明するのに、式の計算を利用すると便利であることを具体例を使ってわかりやすく伝えることができました。また、文章題を文字式を利用して手際よく解くことができました。

◎連立方程式の文章題では、問題文に忠実に数量関係を把握し、２つの数量関係について立式し、連立方程式にすることができました。また、方程式を解いた解が題意に当てはまるかどうかを常に確かめて、解答することができました。

◎方程式の解のグラフと一次関数のグラフとが一致することを、式の等式変形から導くことができました。連立方程式の解が２直線の交点になっていることを理解し、みんなにわかりやすく説明することができました。

◎平行線の同位角・錯角を利用した角の大きさを求める問題に進んで取り組み、求め方をわかりやすく説明することができました。また、多角形の内角の和を求める方法を、既習事項を駆使していろいろな考え方で導き出すことができました。

◎確率を求める問題では、樹形図や表を用いて場合の数を数え、確率を求めることができました。また、問題によって樹形図や表など、どの数え方がふさわしいかを考えながら問題を解決することができました。

○自然数の性質について、式の計算を利用して一般化すると、どんな場合にも成り立っていることに気づくことができました。文字式を使って性質などを説明することに興味をもち、教科書の問題にしっかり取り組むことができました。

○平行四辺形になる条件を使った証明の学習では、数多くの問題に自ら取り組むなど、よく努力しました。性質と条件は混同しがちですが、題意をしっかり解釈し、どちらを使うのか吟味して取り組めば、ミスを減らすことにつながります。

△連立方程式を解くポイントは文字の消去です。どうしたら消去できるか考え、練習を重ねましょう。また、文章題では2つの式をつくるための数量関係の把握が大切です。言葉の式で考えてから取り組むようにしましょう。期待しています。

△一次関数の利用が少し苦手なようですが、数量の関係をグラフにすると関係が把握しやすくなります。そして、式、表、グラフの3つで考え、その特徴やそれらの関係がどうなっているかを考えると理解が深まります。今後の取組に期待しています。

△図形の証明問題では、すぐに解き始めるのではなく、図で成り立つことを考えたうえで解く習慣をつけましょう。性質や条件は、その内容を文のみではなく、イメージした図を基に把握し理解を深めてください。○○さんならきっとできます。

■主体的に学習に取り組む態度

◎文字式を利用した説明の問題では、多面的に捉え、様々な考え方で表そうと努力していました。また、その問題に類似した問題を自ら作成したり、解いてみたりして、意欲的に学習することができました。

◎連立方程式を解く際に、代入法や加減法を用いて正確に解を求めることができました。項の並び方や係数によって、どちらの方法で求めるのが適切であるかを考えるなど、問題に応じて効率的に取り組もうとしていました。

◎連立方程式の速さの問題に、数字を変えて問題を作成するなど、意欲的に取り組むことができました。場合によっては、解いた方程式の解が問題の答えとして適さないことにも気づき、解について吟味してから答えることができました。

◎一次関数の電話料金の問題では、どの通話プランがお得なのか、通話時間を場合分けし、具体的に説明することができました。また、学習で得た知識を生かして新たな通話プランを提案するなど、発展的に考えることができました。

◎星形の角の和を求める問題では、答えだけでなく求め方についても複数の方法で説明することができました。また、その求め方を応用して、様々な星形の角の和を求める問題を解くことができました。

◎三角形の合同の証明では、根拠となることがらを意識して等しい関係を表し、証明することができました。それを利用して、二等辺三角形や平行四辺形の性質を進んで見つけ出し、明らかにすることができました。

◎確率の実験に進んで取り組み、実験結果を正確にわかりやすく、レポートにまとめることができました。統計的な確率にも興味をもち、教科書以外の資料やインターネット上の情報を見て、様々なことがらの確率を自主的に求めました。

○分数を含む文字式の計算の問題では、様々な解き方があることに気づきました。また、類似した問題を自ら作成したり、解いてみたりするなど、正確に解けるようになろうと努力することができました。

○連立方程式の導入では、小学校の表を使った考え方や1年の方程式の解き方を使って、課題を解決しました。さらに、未知の数量が2つあるので、その両方を文字にして等式にすれば課題解決できることに気づき、その後の学習に生かすことができました。

△多角形の内角の和を求める際に、多角形を三角形に分けて考えることで内角の和を求めることができました。文字式を利用し、内角の和を求めるための公式を導き出すことにも挑戦しました。

△図形的な事象における一次関数の問題では、はじめ、変域を考えずにグラフをかいていましたが、試行錯誤の中で、図形ができないこともあることや変域を考えた方がよいことに気づき、最後には正しいグラフをかくことができました。

△三角形の合同の証明では、根拠となることがらを示しながら証明しなければならないことに気づきました。また、三角形の合同を利用して、二等辺三角形や平行四辺形の性質を証明しようと試みることができました。

生活

学習

特別活動

特別なニーズ

■知識・技能

◎豆電球２個の直列回路と並列回路について、回路の違いを正しく理解しています。また、明るさの違いや豆電球を１つ外した場合について調べ、回路図を使って説明することができました。その説明は、他の生徒のよい手本になりました。

◎コイルと磁石による電流の発生の学習では、コイルに棒磁石を出し入れすることで、電流が流れることや、その電流を大きくする方法について調べ、適切に記録し、説明することができました。大変わかりやすい説明でした。

◎化学変化の学習では、化学変化の前と後では、反応に関係する物質の原子の種類と数に変化がないことを知り、化学変化によって物質全体の質量が変わらないことについて独自の図を用いて説明できました。

◎細胞の観察では、プレパラートを作成し、それぞれの特徴がわかりやすい部分を選んで観察することができました。その方法や技能によって、他の生徒も観察の技能が高まり、学級の全員が細胞をしっかり観察することができました。

◎実験計画に基づいて実験を行い、金属製のコップの中の水の温度を適切にコントロールして、水滴がつき始める温度を正確に測定し、仮説を検証することができました。○○さんの精度の高い実験は、他の生徒のよい手本になりました。

◎磁界の中で電流を流したコイルの様子の学習では、磁界の中に置いた導線に電流を流すとどうなるかをしっかり観察して、磁界の向き、電流の向き、力を受ける向きをきちんと記録することができました。

○理科の前線の学習では、暖気と寒気はすぐには混じり合わず、境の面をつくることを理解し、暖気と寒気の接し方の違いにより、種類の異なる前線がつくられることを理解することができました。

△オームの法則を使った学習では、計算に少し苦手意識をもっていましたが、３つの量（抵抗、電圧、電流）を回路図に書き込みながら問題を解くことができました。今後も問題集などを利用して、計算の力を伸ばすことを期待しています。

△質量保存の法則の学習に、当初、苦手意識がありましたが、原子や分子のモデルを使い、原子の数が変化しないことを確認し、反応の前後で質量が変化しないことを理解できました。今後もモデルを頭に浮かべて考えるようにしましょう。

△天気予報を行うことについて、少し苦手意識がありましたが、1つの低気圧に注目することで、経過とともにどのように変化するかを捉えることができました。今後も必要に応じて情報量を調整し、自分の理解が進むようにしてください。

■思考・判断・表現

◎電力と上昇温度の関係を実験結果から見いだし、その関係を適切に表現できました。異なる考えが出た場合、自分や他の生徒の考えを十分に検討して改善し、さらに要因までも考えを巡らすことができました。

◎金属を熱したときの質量の変化について、実験結果を具体的に示しながら、反応する金属の質量と結びつく酸素の質量の関係を量的に見いだして表現できました。その説明は、他の生徒のよい手本となりました。

◎酸化銅から酸素を取る化学変化について高い関心をもち、実験結果を基に、炭素が酸化銅から酸素を奪い、二酸化炭素が発生して銅ができることについて、粒子モデルを用いて的確に表現することができました。

◎光合成に必要なものについて、光の有無、植物の有無などそれぞれの条件での結果を表にまとめて記録できました。また、対照実験について理解し、結果を適切に考察することができました。

◎季節風や海陸風が生じる仕組みについての仮説を立て、その妥当性を検討しながら説明するとともに、季節風と海陸風について、それらの類似点や相違点を見いだしました。その考え方は、他の生徒のよい手本になりました。

○鉄と硫黄が結びつく反応の学習では、硫黄と鉄が結びついてできた物質が、鉄や硫黄と異なる物質であることについて、磁石につくか、薄い塩酸を入れたときの反応はどうかなどを調べ、科学的に考察することができました。

○理科の対照実験の意味をよく理解しており、だ液のはたらきを調べる学習では、実験結果を基に何と何を比較すればよいのかを考え、考察した内容を適切に表現することができました。

△当初、消化と吸収の仕組みの学習に、苦手意識がありましたが、注目する物質だけの図を活用するなど、情報量をコントロールしながら学ぶことができました。今後も自分で学習を必要に応じて調整する姿勢を大切にしてください。期待しています。

△当初、化学変化の学習では、反応した物質、できた物質はそれぞれ何かを考えることを苦手としていましたが、仲間のアドバイスで粒子モデルで表すことができるようになりました。今後も化学変化を粒子モデルで考えるやり方を活用してください。

△気象要素の変化から天気を予測することに苦手意識がありましたが、気象要素の数値をグラフ化し、急激な変化が生じている箇所と前線の関係を見いだせました。今後は、天気予報などの日常と関連づけられることを期待しています。

■主体的に学習に取り組む態度

○電流の性質や規則性の学習に対する関心が高く、その関係性を見いだすために何度も測定したり、話し合いながら粘り強く考えたりすることができました。何度も実験を繰り返しながら仲間とともにデータを集める姿は、授業を活性化させました。

○電力の学習に対する関心が高く、電力量を求める式について理解し、電気料金がどのような考え方で算出されるかについても、積極的に意見を述べることができました。○○さんのおかげで仲間も電力について詳しく知ることができました。

○単体と化合物の学習では、それぞれの物質について、どのような粒子が結合して物質を構成しているかを理解し、粒子の構成の仕方を手がかりに、見通しを立てて、物質を分類できました。

○今までに学習した化学反応式のつくり方を使って、様々な化学変化を化学反応式で表そうとしました。また、環境問題を例に出し、化学変化について考えを巡らせた発言で授業を活性化させました。

◎動物のからだの学習に対する関心が高く、自分が摂取した食物がどのように消化・吸収されるかを人体の図を使い的確にまとめることができました。その図を参考に授業が活性化し、まとめ方は他の生徒のよい見本になりました。

◎蒸散と吸水の関係を調べる学習では、自分たちで考えた実験方法で実験がうまくいくように粘り強く実験に取り組むことができました。その実験結果と、他の実験結果を比較することができたことで授業が活性化しました。

◎天気の学習についての関心が高く、翌日の天気がどのようになるか、天気の予測に進んでかかわり、データの妥当性を検討しながら、粘り強く取り組むことができました。その姿は他の生徒のよき手本となりました。

○放射線の学習では、放射線についての理解を深め、その性質と利用について、まとめることができました。家庭学習でも、インターネットを使い資料を集めるなど、意欲的に放射線の性質について学ぶことができました。

○鉄を燃やしたときの変化の学習では、集気びんの中の水面が上がった理由について、自分の考えをもち、話し合いに参加しました。異なる考えが出たときには、自分や他の生徒の考えを検討して改善しようとすることができました。

△当初、回路を正しく組み立てることに少しの苦手意識があったようですが、何度も回路を組み立て直し、検討しながらあきらめず取り組み、最後には組み立てることができました。今後もあきらめず取り組む姿勢を大切にしてください。

△化学変化について自分なりの考えをもち説明することに苦手意識がありましたが、粒子モデルを使い何度も考えることで、化学変化を説明することができるようになりました。その粘り強く取り組む姿勢を、今後も大切にしてください。

△はじめ、細胞の観察にやや苦戦していましたが、何が観察できればよいのか教科書で確認した後に観察するなど、自分自身で目的意識をもちながら学習を進めることができました。今後も目的意識を大切にしながら学習に取り組んでください。期待しています。

生活
学習
特別活動
特別なニーズ

音楽

■知識・技能

◎歌唱表現では、歌詞の内容や音楽の構造を考えながら歌い進めていく中で、曲想とかかわらせて理解することができました。また、曲想を生かし、歌詞を大切にして歌うことができるように繰り返し練習しました。

◎混声３部合唱の学習では、パートの役割を理解し、各パートの響きや全体の響きを大切にして歌うことができました。発表会ではまとまりのある美しい合唱を響かせることができました。

◎ギターの器楽表現では、楽曲の曲想を生かしたアルペジオ演奏ができるように、楽器を構えるフォームや運指などの練習に取り組み、基本的なギターの奏法を身につけることができました。

◎言葉の抑揚と旋律の動きとのかかわりを理解し、言葉に合った音の選択と組み合わせを考え、創作活動を進めることができました。まとまりのある旋律を作曲することができました。

◎オペラの鑑賞では、劇と音楽の融合について知り、興味をもっていろいろなオペラ音楽を聴くことができました。総合芸術と言われているオペラの音楽的な構造について理解することができました。

○歌詞の表す情景を表現しようと、拍の流れを感じ取りながら、混声３部の響きを味わい合唱することができました。明るく美しい響きがとても印象的な合唱になりました。

○ボディパーカッションのリズム創作では、音色の特徴や反復、変化などの曲の構成を生かして作曲することができました。創作した楽曲は、仲間にも演奏してもらい、作曲した喜びを味わうことができました。

△合唱表現では、楽曲が表す内容をつかみ、自分の伝えたい思いや願いと合わせて合唱することが大切です。さらに仲間とともに、思いを伝える合唱となるようにしていきましょう。期待しています。

△学期のはじめのころは歌うことに対して苦手意識がありましたが、歌詞を何度も読み込んだり、参考 CD を繰り返し聴いたりする中で、仲間と笑顔で歌う姿が増えてきました。さらに歌う楽しさを味わっていきましょう。

△鑑賞活動では、鑑賞曲を聴き、聴き取ったことや感じたことを言葉で表現することに苦手意識がありましたが、音色や速度などの視点をもって聴き、感想をもつことができるようになってきました。

■思考・判断・表現

◎歌唱表現では、楽曲の旋律やフレーズのまとまりを視点として曲想をつかみ、曲にふさわしい強弱表現を工夫することができました。また、工夫することで表現が高まっていくことを実感することもできました。

◎合唱表現ではパートの役割や楽曲の構成を考えながら、美しい響きを目指して練習に励みました。仲間と練習を進める中で、何度も聴き合いながらバランスや音色を工夫し表現することができました。

◎2部形式の構成やフレーズのまとまりから、曲想を生かしたアルトリコーダーでの2重奏となるように、音色や強弱表現を工夫することができました。息の合った心地よい2重奏を響かせることができました。

◎リズムアンサンブルの創作では、言葉の抑揚やアクセントを効果的に生かして明るく楽しいアンサンブルにしようと、反復や変化などの構成を工夫し意図通りに創作することができました。

◎鑑賞活動では、交響曲の形式とオーケストラの響きの特徴を捉え、各楽章の曲想のよさを味わいました。また、味わい感じ取ったよさを自分なりの言葉で表現し、意欲的に鑑賞することができました。

○器楽合奏の学習では、アルトリコーダーやギターの音色の特徴を生かしながら、息の合ったアンサンブルにしようと練習に励むことができました。2つの楽器の音色が美しく響き合うアンサンブルとなりました。

生活

学習

特別活動

特別なニーズ

○歌舞伎の鑑賞では、その特徴的な音楽を聴いて、歌舞伎の歴史や生まれた時代の文化に興味をもち、調べることができました。歌舞伎の音楽の特徴やおもしろさを味わうことができました。

△歌詞や旋律などを視点として、曲想を感じ取ることに少し苦手意識はありますが、教材曲を演奏することにより曲の特徴を捉え、それを生かして演奏しようとする姿が増えてきました。表現することから楽曲の魅力を感じ取っていきましょう。

△願いや意図をもって創作し、表現することに難しさはありましたが、即興的に音を選び、音づくりを楽しむことはできました。即興的な音選びを繰り返しながら表現し、記譜することで、まとまりある曲を創作することにつながります。

△合唱活動では、仲間と意見を交流しながら、練習する姿が増えてきました。合唱は仲間とともに表現を高めていくことが大切です。○○さんのもつ表現のよさがさらに生きてくることを期待しています。

■主体的に学習に取り組む態度

◎合唱活動や器楽合奏など音楽活動に対する関心が高く、意欲的に活動できました。どの表現活動でも、仲間とともに演奏する楽しさを味わいながら活動することができました。

◎合唱コンクールの取組では、楽曲に込められた作曲者の思いや歌詞が表す情景などを調べて学級の仲間と共有するためにプリントにまとめ、練習時に配付して、合唱の質を高めようと努力しました。

◎日本の音楽の学習では、和楽器に興味をもち、三味線や三線の音色の特徴や奏法について理解を深めました。また、実際に三味線を演奏したり、身近に聴く三味線の音楽について調べたりすることができました。

◎器楽合奏では、各楽器の音色や各パートの役割を理解し、息のそろった演奏にしようと練習しました。聴き手だけでなく、自分たち自身も楽しめる演奏に仕上げることができました。

◎言葉によるリズムアンサンブルの創作では、自分たちが伝えたいテーマをしっかりと設定し、反復や変化などの構成を生かして仲間と試行錯誤しながら創作し、楽しいリズムアンサンブルを発表することができました。

◎世界各地の楽器について興味深く学習し理解を深めることができました。インターネットなどの情報から、楽器の材質や音色、奏法などを視点に分類し、世界の民族音楽マップとしてまとめることができました。

◎卒業式の練習では、卒業生に伝えるメッセージを、楽曲を通してどのように伝えるかを1、2年生で共有できるようにリードしました。また、合唱練習にも意欲的に取り組み、思いのこもった合唱をつくり上げることができました。

○合唱活動が○○さんの学校生活において要の活動となっており、練習に意欲的に取り組むことができました。美しいハーモニーを目指して正確な音取りに励み、仲間と合唱する楽しさを味わうことができました。

○鑑賞レポートの課題では、いろいろな作曲家の管弦楽曲を聴き、オーケストラの魅力を味わいました。レポートには、楽曲の概要とともに聴き取った特徴や感想をわかりやすくまとめることができました。

△仲間とともに合唱活動に意欲的に取り組む姿が増えてきました。仲間と声を合わせ、1つの曲をつくり上げる経験をさらに重ねて、合唱する楽しさや喜びを味わっていきましょう。

△合唱や器楽演奏などの表現活動にはあまり意欲的に参加できませんでしたが、音楽のいろいろな記号について一生懸命覚えることができました。覚えた音楽記号を表現活動でも生かせるようにしていきましょう。期待しています。

△授業での鑑賞活動を通して、自分が普段聴いている音楽についても考えてみようとする姿がありました。どんなジャンルの音楽にも興味をひろげ、音楽を身近なものにしていきましょう。○○さんの音楽の世界がひろがることを期待しています。

生活

学習

特別活動

特別なニーズ

美術

■知識・技能

◎彫刻の表現活動では、モデルとなる動物を見つめながら、形が感情にもたらす効果を多様な視点から理解して、幅広い視野から感じとった美しさや生命感を全体的なイメージや作風で表現することができました。

◎彫刻の表現活動では、形を量感と質感で捉えることを意識し、何度も粘土をつけたり、とったりと試行錯誤を積み重ねるなど、主題に応じた表現方法を追究し、よりよく表現することができました。

◎デザインの表現活動では、形や色彩の性質や組み合わせによる伝わりやすさについて、人や場所などの多くの視点から考え、自分の生活とつなげながら理解し、制作に生かすことができました。

◎デザインの表現活動では、人や場所といった幅広い視野に立ち、形や色彩の特徴を基に、わかりやすさと美しさの調和について深く考え、伝えたいことをどう作品で表現するかを理解することができました。

◎デザインの表現活動では、形や色彩の性質や見る人への伝わりやすさを意識しながら試行錯誤を重ねて、より多くの人がわかりやすいデザインになるように工夫し、完成までの見通しをもちながら創造的に表すことができました。

〇彫刻の表現活動では、形や色彩が感情にもたらす効果や、形や色彩の特徴などを生かし、表現することが作品に美しさや生命感を与えるために、大切であると理解することができました。

〇彫刻の表現活動では、粘土の粗づけやへらを使った表現方法を身につけ、自分の表したいことやイメージに応じて表現方法を使い分けたり、組み合わせたりしながら工夫して作品をつくることができました。

△当初、塑像表現に少し苦手意識がありましたが、一緒に量感で形を捉える活動を行うことで自ら試す場面が増えてきました。今後も、自らいろいろな工夫をして主題に迫る作品づくりに取り組んでいくことを期待しています。

△当初、主題を考えることに少し苦手意識がありましたが、立体を様々な角度から見つめたり、身近な体験と関連づけたりすることで主題を考えることができました。今後はより主題に迫る表現に取り組むことを期待しています。

△当初、主題と表現をつなげて考えることに苦手意識がありましたが、仲間の意見を聞きながら、形の単純化や省略、強調といった表現が主題に迫ることに気づくことができました。今後はより自分らしい表現に取り組むことを期待しています。

■思考・判断・表現

◎彫刻の表現活動では、動物を深く見つめて感じ取ったことや考えたこと、その形の特徴や生命感から主題を生み出し、効果的に形の単純化や省略、強調の組み合わせを考え、自分の願いに近づく表現の構想を練ることができました。

◎デザインの表現活動では、人や場所などから主題を生み出し、主題をよりよく表現するために、形や色彩の性質、わかりやすさや美しさなどの多様な視点から考え、伝わりやすい表現の構想を練ることができました。

◎デザインの表現活動では、人や場所などいろいろな観点から作品を鑑賞し、作者の心情や表現の意図と工夫について幅広く考え、生活の中のデザインの役割など、多様な視点に立って見方や感じ方を深めることができました。

◎彫刻の鑑賞活動では、多様な視点に立って、形や色彩のよさや美しさをより深く感じ取り、作者の表現の意図と工夫を関連づけて考えることで、自分の作品の見方や感じ方を広げることができました。

◎デザインの鑑賞活動では、多くの作家や仲間の作品を鑑賞し、目的や調和のとれた美しさをより深く感じ取り、自分なりの根拠をもって作者の意図を考えるなどして、美意識を高め、見方や感じ方を広げることができました。

○彫刻の表現活動では、自然物を見つめて感じ取ったことや想像したことから主題を生み出し、形の単純化や省略、強調といった組み合わせを考えながら構成を工夫して、表現することができました。

○鑑賞活動では、形や色彩のよさや美しさを感じ取り、作者の心情と表現の工夫とをつなげて考えることで、自分の美意識を高め、これまでの見方や感じ方をより広げることができました。

△当初、主題を立体で表すことに苦手意識がありましたが、仲間からの意見を聞くことで、形を単純化したり、強調したりすることで主題に迫る表現ができることに気づきました。今後はこうした気づきを表現につなげていくことを期待しています。

△当初、デザインの表現活動に少し苦手意識がありましたが、身近な生活の中で使われているデザインについて考えることで、見つけたことをノートに書けるようになりました。今後は仲間との交流の中で進んで発表することを期待しています。

△当初、デザインの鑑賞活動に少し苦手意識がありましたが、身近な体験から目的や意図を考えることで、見つけたことをノートに書けるようになりました。今後はそれらを話し合いの中で発表することを期待しています。

■主体的に学習に取り組む態度

◎彫刻の表現活動では、自ら進んで活動に楽しくかかわり、常によりよい表現を目指して、形が感情にもたらす効果を追究したり、全体のイメージで捉えようとしたりすることができました。

◎彫刻の表現活動では、独創的な視点から作品の構想を練ろうとしたり、主題を表すために形の単純化や省略、強調の試行錯誤を重ねて表現を工夫したりと、粘り強く制作に取り組むことができました。

◎デザインの表現活動では、主体的に活動に取り組み、わかりやすさと美しさの調和を目指して、形や色彩の効果についての知識を活用しようと粘り強く制作に取り組むことができました。

◎デザインの表現活動では、独創的な視点から創意工夫して作品の構想を練ろうとしたり、わかりやすさを求めて試行錯誤を重ねて創意工夫したりして、見通しをもちながら粘り強く制作することができました。

◎彫刻の鑑賞活動では、自ら進んで、形や色彩がもたらしている効果を考えたり、作品全体のイメージから作者の心情や意図と工夫を感じ取ったりするなど、楽しみながら取り組んでいました。

◎デザインの鑑賞活動では、独創的な視点で形や色彩がもたらす効果について、深く考えを巡らせました。また、目的と機能の調和の取れた美しさを感じ取ろうと、自ら進んで多くのデザイン作品を鑑賞することができました。

◎鑑賞活動では、仲間や作家の作品を鑑賞して作品のよさや美しさを新しい視点を探しながら感じ取ろうと自ら取り組み、自分の美意識を高め、見方や感じ方を広げようと努力することができました。

○彫刻の表現活動では、活動に喜びを感じながら、様々な角度から立体を見つめて構想を練り、自分の願いに近づこうと形の単純化や省略、強調といった表現方法を工夫して取り組むことができました。

○彫刻の鑑賞活動では、作家や仲間の作品から形や色彩のよさや美しさを感じ取り、作者の心情や意図と形や色彩の工夫をかかわらせながら考え、見方や感じ方を広げることができました。

△学期のはじめのころは、作品交流で主題と表現をつなげながら発言できないときもありましたが、学習を進めていく中で自信を深め、仲間の表現のよさを積極的に伝えることができるようになりました。

△当初、デザインの表現活動に少し苦手意識がありましたが、身近な生活の中で使われているデザインを見つけ、その工夫をノートに書けるようになりました。今後は自らデザインの表現活動に挑戦していく姿を期待しています。

△当初、デザインの鑑賞活動に少し苦手意識がありましたが、形や材料の性質や見る際にもたらす効果を一緒に考えることで、発見したことをノートに書けるようになりました。今後はそれを話し合いで発表することを期待しています。

生活

学習

特別活動

特別なニーズ

保健体育

■知識・技能

◎卓球では、ラケットの面を意識しながら繰り返し練習することで、多くの回数を打ち合うことができるようになりました。常に積極的に練習に取り組むなど、コツコツと努力した成果です。

◎長距離走では、自分に合ったピッチとストライドを見つけ、上下動の少ない走りを意識して走ることで、自己のベスト記録を大きく縮めました。○○さんの普段の努力の積み重ねの結果です。

◎ハンドボールではパスやドリブルの技能に優れ、特に空いている空間に走り込んでいる仲間を瞬時に判断し、パスをすることが上手でした。また、班別練習では、苦手な友だちにそっと手助けをしてあげる場面が見られました。

◎サッカーでは動きながらのトラッピングをスピードに応じて的確に行えるようになり、次のプレーにスムーズにつなげました。また、ひらめきがよく、ポイントをつかむと、さっと課題に取り組むことができました。

◎背泳ぎのリカバリーでは、肘を伸ばし、肩を支点にして肩の延長線上まっすぐに小指から入水することを意識して泳ぐことができました。目的意識をしっかりともって活動する態度は、他の模範となり、学級全体の学習によい影響を与えています。

○跳び箱運動では、バランスよく移動したり、静止を保つために力を入れたりして、最後は空中姿勢に変化をもたせた跳躍と着地に心がけていました。少しずつ「やればできるんだ」という気持ちをもてるようになってきたことを感じます。

○走り幅跳びでは、踏み切り線に合わせるためにスタート地点を何度も試して決め、助走スピードをいかした踏み切りができました。試行錯誤を重ねながら、投げ出さず課題に向かっていこうとする姿は大変立派でした。

△当初は、バスケットボールに対して少し苦手意識があったようですが、ボールを持った相手と持たない相手で守備の位置が違うことを理解し、守備に貢献しました。今後は、攻撃についても理解を深め、プレーすることを期待しています。

△当初は、鉄棒運動に対して消極的な部分が見られましたが、支持系と懸垂系の基本的な技を習得できたことで根気強く課題に向き合おうとする姿が見られました。今後は、技の流れに着目して演技を組み立てて発表できるとよいでしょう。

△野球（ソフトボール）では、ゴロやフライの球を怖がってしまい、学習に意欲的になれないときもありましたが、段階的な練習をすることで捕球が上達していきました。時間がかかっても最後までやり遂げる姿勢を今後ももち続けてください。

■思考・判断・表現

◎陸上競技では、技術を身につけるための運動のポイントを見つけることに優れ、練習に取り入れていました。グループ練習では、〇〇さんの考えたアイデアにみんなが感心する場面がたくさんありました。

◎体ほぐしの運動のねらいを踏まえて、自分の体力の課題に応じた活動を選んだり、友だちにアドバイスをしたりすることができました。〇〇さんのすばらしさは、たくさんのアイデアを考え、みんなに提案していけるところです。

◎鉄棒運動では、学習課題の解決に向けて、仲間に挑戦する技の行い方などをアドバイスすることができました。〇〇さんのアドバイスには、改めて考えさせられたり、感心させられたりするものがたくさんありました。

◎「もっと見たい」「もっと知りたい」そして、「どうしてだろう」という好奇心や探究心があります。特に平均台運動では、自分の課題に応じて学習する技の練習や改善ポイントをうまく見つけて、課題を達成することができました。

◎健康と環境について、自分たちの生活や事例と比較したり、関係を見つけたりして、筋道を立てて説明できました。友だちの考えのよいところは積極的に取り入れ、自分の考えを深めていくことができるので、理解が確実なものになっています。

○学習したことだけで満足するのではなく、素朴な疑問をそのままにせず、積極的に調べて解決しようとする態度は立派です。〇〇さんのコツコツと努力する姿にはいつも感心しています。

生活
学習
特別活動
特別なニーズ

○体力づくり運動では、自分に足りない調整力が高まる運動を調べ、全身をはずませる運動に取り組んでいました。その結果、リズムに乗ってはずむ楽しさや心地よさを味わうことができました。

△ケガで授業に参加できませんでしたが、柔道では、技をかけるときの崩しや体さばきの腕や脚の位置について調べました。今後は、話し合い活動の中で自分の考えと比べ、同じところや違うところを整理し、発表することを期待しています。

△現代的なリズムのダンスでは、自分たちで選んだリズムに乗って、オリジナルダンスを踊ることができました。創作において、友だちの意見に左右され過ぎるところがあったので、自分の意見をしっかりもって取り組めるとよいでしょう。

△バドミントンのゲームでは、いろいろなストロークを覚えて、攻防を楽しむことができました。自分が感じたことを相手に伝えることで、自分自身の理解もより確実なものになっていくので、次学期に挑戦してみてください。

■主体的に学習に取り組む態度

◎ハードル走の学習では、準備や片づけを率先して行うことで他の模範となり、記録係にも積極的に取り組む姿が見られました。友だちに対しても、授業中にわかったことや気づいたことをどんどんアドバイスしていました。

◎サッカーでは、技能に差がある者同士が組んだときに、お互いが楽しむためのルールを積極的に考え、楽しい体育授業に貢献しました。自分で考えようとする姿勢が出てきたことで、学習成果の著しい向上が見られました。

◎水泳には留意すべき特有の技術的なポイントがあることを知るとともに、仲間の動きを的確に伝え、直すべきところをアドバイスできました。授業中のひらめきがよく、○○さんの発言をきっかけに授業が盛り上がる場面がよくありました。

◎健康に関する資料を調べたり、話し合い活動の意見交換を基にグループの意見をまとめたりすることに活躍しました。特に、話を聞くだけでなく、自分で考え自分で調べる姿勢は、学級のよい手本になっています。

◎…「十分満足できる」に対応した文例
○…「概ね満足できる」に対応した文例
△…「努力を要する」に対応した文例

◎水泳では、ケガで入水できないときも同じ班のメンバーに声をかけ、動作のアドバイスをしたり励ましたりする姿勢が常に見られました。また、授業中の発言には、優れた理解力を感じるものが多々ありました。

◎剣道では、間合いや相手の構えを崩すこと、隙を見つけることなどのポイントをつかんで、総合練習に積極的に取り組みました。いつも教科書や資料集などをよく見て、疑問に思ったこと、わからないことを調べて解決しようとしています。

◎全身運動であるダンスは柔軟性、平衡性、筋持久力などの体力が高まることを知り、積極的に学習に取り組みました。好奇心旺盛な〇〇さんは、授業中にわかったことや気づいたことをどんどん発言していました。

○2人組の運動では、相手の動きをよく見て、タイミングを合わせて走ったり引っ張ったりするなど、熱心に取り組みました。授業中のひらめきがよく、〇〇さんの発言をきっかけに授業が盛り上がる場面がありました。

○バレーボールのパス、サーブ、レシーブ、スパイクなどの技能を身につけ、仲間と連携して楽しく学習に取り組みました。地道なドリル練習に対しても嫌がらず努力して、基礎基本となる部分は確実に身についています。

△平均台運動の練習では、器械や器具を自ら進んで準備してくれました。苦手な種目かもしれませんが、できないことでも前向きに取り組み、あきらめずに努力していけば、確実に自分の力を伸ばすことができます。〇〇さんらしい粘り強い取組に期待しています。

△当初は自主的に剣道の稽古に取り組めませんでしたが、稽古を進めていく中で、打突部によっては苦痛を伴うことを体感し、「打たせてもらっている」という感謝の気持ちをもって取り組めるようになりました。

△長距離走の学習では、フォームや呼吸法を身につけるとともに、ケガをしない安全な学習を心がけて取り組めました。自分の考えを発表することができれば、考えがまとまり、さらに理解も深まるはずです。次学期の取組に期待しています。

生活

学習

特別活動

特別なニーズ

技術・家庭

■知識・技能

◎インターネットの仕組みをきちんと理解しており、情報を収集したり活用したりする能力も高く、班員からの問いかけに答える場面が数多く見られました。また、情報モラルやセキュリティ対策に関する知識もあり、安全にコンピュータを使うことができました。

◎技術の学習では、生物を育てるためにはどんな土壌環境がよいか、土の特徴を理解しながら土づくりを行うことができました。また、病気や栄養不足、害虫などへの対策方法について理解し、エダマメづくりの実践に活用することができました。

◎ダイナモラジオ製作の実習では、それぞれの電子部品の特徴やはんだについて理解することができました。また、安全に気をつけながら、はんだごてを用いて丁寧にはんだづけを行うことができました。

◎シャツのアイロンかけの実習では、なぜアイロンかけを行うか理解することができました。また、アイロンの温度やアイロンをかける方向に気をつけながら、適切な手順でアイロンをかけることができました。

◎マルチバッグの製作実習では、製作の手順や縫い方、用具の安全な使い方などをしっかり理解し、基礎的なミシン縫いや補修の技能を活用して、安全かつ効率よく製作することができました。

〇技術の学習では、回転運動や往復運動の仕組みをノートにまとめることで、理解することができました。また、歯車の速度伝達比を用いた計算にも何度も取り組み、しっかり理解することができました。

〇ティッシュボックスカバーの制作では、まつり縫いの行い方や特徴を理解し、適切な場所にまつり縫いを行うことができました。また、スナップも正しい技法で適切に取りつけることができました。

△プラスドライバーを用いたねじ接合に苦戦していましたが、ドライバーの選び方や体重のかけ方について、他の生徒から助言をもらいながら取り組み、丁寧かつ正確に接合することができるようになりました。

△既製服を買うときに表示や寸法から情報を収集することは理解できましたが、適切な既製服の選択方法について理解できないことがありました。しかし、粘り強く学習する中で理解し、選択できるようになりました。

△他の生徒と協力しながら準備したり、下糸を巻いたりすることで、ミシンを使うときの調整方法を次第に理解できるようになりました。その結果、ミシンの基本操作を習得し、正しく使うことができるようになりました。

■思考・判断・表現

◎技術の学習では、ピーマンの育成計画を立てるときに、ピーマンの特徴を考えながら計画を立てることができました。特に、成長に合わせた管理作業や病害虫の駆除について、丁寧にまとめることができました。

◎LED ライト製作では、はんだを用いて電子部品を取りつけるときに、安全に作業を進めるためにはどの順番で取りつけるとよいか、しっかりと考え、見通しを立てて作業をすることができました。

◎家庭科の学習では衣類の働きに関して、TPO を踏まえた、衣服と社会生活とのかかわりについて考えることができました。また、目的や個性を生かした着方について理解し、流行についても考えを広げることができました。

◎住まいの安全について、家庭内事故の防ぎ方や対策方法を一生懸命考え、工夫することができました。特に、高齢者や乳幼児の視点から起こりやすい事故を想定し、家庭でも実践できる方法を考えることができました。

◎ウォールポケットの制作を通して、自分らしさを表現し、使いやすさを追究するために、記事の種類や色、デザインなどを考え、工夫することができました。また、余った布で小物入れをつくるなど、材料を有効活用することができました。

○技術の学習では、ラディッシュを育てるために、種まきを行う場所や方法について考え、ラディッシュの種の大きさや成長の様子を踏まえて、自分なりの意見をもってまくことができました。

生活

学習

特別活動

特別なニーズ

○衣生活と資源や環境とのかかわりについて、グループワークを通して考えを深める
ことができました。また、衣服の生産から廃棄までの流れについて、自分にできる
ことは何か考えることができました。

△インターネットを用いてリーフレタスについて調べるときに、webページから時
間をかけて適切な情報を見つけ、まとめることができました。今後は情報を素早く
取捨選択できるようになっていくことも期待しています。

△電気機器を安全に使うために、たこ足配線を解消し、どのようにつなげると安全に
使用できるかを考えました。他の生徒に教えてもらいながら繰り返し計算練習を行
うことで、考えながら解くことができるようになりました。

△自然災害への備えについて家庭で実践できる方法について話し合いましたが、はじ
めはあまり意見や考えが出てきませんでした。しかし、仲間の意見を基によく考え、
内容をレポートにしっかりとまとめることができました。

■主体的に学習に取り組む態度

◎コンピュータの仕組みについて、自分で調べてきたことを発表するなど、意欲をも
って学習に取り組むことができました。また、コンピュータの実習では、他の生徒
に進んで教えるなど、積極的な姿を随所に見ることができました。

◎技術の栽培の実習では、ナスを育てるために毎日の水やりを欠かさず行いました。
また、観察記録をこまめに取るなど、ナスの成長する様子に興味をもって取り組む
ことができました。収穫のときのうれしそうな表情が印象的でした。

◎発電方法や特徴、仕組みについてレポートに丁寧にまとめることができました。特
に、太陽光発電について、インターネットや図書館の本など様々な資料を積極的に
集め、自分なりに工夫してまとめようとする姿は立派でした。

◎作業後の後片づけでは、他のだれよりも積極的に掃除をしたり、授業の振り返りカ
ードの集配を行ったりするなど、意欲的に取り組むことができています。また、他
の生徒の補助を進んで行う姿も何度も見られました。

◎家庭科の学習では日常着の手入れに関心をもち、洗濯や補修などの課題に取り組もうとする姿が見られました。特に、洗濯物の仕分けや洗剤の種類について一生懸命理解しようとする姿勢は、他の手本となりました。

◎自分や家族の生活に役立てるために、ハーフパンツづくりに意欲的に取り組みました。また、得意なミシンを使う場面では、縫い終わりの方法で困っていた他の生徒を助けるなど、とてもよい姿が見られました。

◎家庭科の学習では日本の気候風土や地域の特性に合わせた住まいや住まい方の工夫について、意欲的に考えている姿が見られました。特に、自分が住んでいる地域と親戚の住んでいる地域の違いについて興味をもち、掘り下げることができました。

○はんだごてやニッパー、ドライバーなどを使った作業実習では、楽しんで取り組む姿が見られました。また、授業の振り返りカードで、学習した内容についてしっかりと振り返ることができました。

○家庭科では、住まいの学習に関心をもち、住まいの役割について考えようとする意欲的な姿が見られました。また、自分の家族の生活行為と住空間のかかわりについて日常生活の面から考えようとする姿も見られました。

△ミニトマトの栽培実習では、摘芽を行う場所や方法について、はじめはよくわからなかったのですが、他の生徒の助言を聞くことで理解することができました。そのことをきっかけに、ミニトマトを一生懸命育てようとする気持ちが高まりました。

△衣生活と資源や環境とのかかわりについて、はじめのうちはあまり考えようとしませんでしたが、身の回りにある衣類と学習内容を結びつけることで、自分にできることを考えようとすることができました。

△家庭科では、健康で心地よく住むための室内環境の条件や、室内空気の汚れが及ぼす影響などを理解するために、繰り返しノートにまとめることができました。今後はこれらを意識しながら実践できるようになることを期待しています。

外国語

■知識・技能

◎日米の生活習慣や文化の違いを、教科書を通して理解し、習慣やマナーについて、動名詞、助動詞（must）、have to を用いて、相手に尋ねたり、伝え合ったりしました。さらに、自分の考えを英語で表すことができました。

◎接続詞の文の形・意味・用法を理解し、ユニバーサルデザインのある社会について情報を整理し、英語でわかりやすく説明したり、相手からの質問に答えたりすることができました。また、それらを簡潔にまとめることができました。

◎英語の学習では、世界遺産を紹介するために、積極的にその特徴や価値について調べ、簡単な語句・文を用いて話したり、書いたりすることができました。また、図や表などの情報を正しく読み取り、書き手の考えを的確に理解することができました。

◎物語を読み、内容をしっかりと理解して、物語の概要を英文にまとめることができました。さらに、自分の意見・考えをつけ加えて、物語の概要をわかりやすく相手に伝えることができました。

◎ホテルでのトラブルについて、苦情や謝罪に関する英会話表現の意味や働きを正しく理解することができました。場面の状況をその表現を用いてわかりやすく相手に伝えたり、説明したりすることができ、他の模範となりました。

○未来形に関する知識を身につけ、友だちと予定などについての簡単な英会話を行うことができました。また、自分の夏休みの計画などを、未来形の表現を用いて、正しく英文で書くことができました。

○受け身の文の形・意味・用法を理解するとともに、世界遺産について書かれている英文を読み、その情報を整理し、受け身などを用いて説明することができました。また、説明した内容についての質問にも答えることができました。

△苦手とする英語でのやりとりにも前向きに取り組めています。伝わりにくいときは、ジェスチャーを交えたり、絵をかいたりすることがコミュニケーションの一助となります。今後、それらを用いて会話を続けることを心がけてみましょう。

△長文に対して少し苦手意識がありますが、英語の基本文の意味と用法を理解することで、少しずつ英文の大まかな意味を捉えられるようになってきました。今後は、英語の語彙や連語の習得数を増やすことに力を入れていきましょう。

....

△友だちとのペア学習を通して、楽しく英語学習に取り組めるようになってきました。苦手とする文の構造についても１つずつ克服していきましょう。また、辞書やタブレットも使用し、知識を増やしていけるとよいですね。

■思考・判断・表現

◎英語の授業で行うディベートでは、相手の考えや意見をしっかりと聞き取り、要点を捉えることができました。また、それに対する自分の考えや意見を、相手にわかりやすい文章を用いてはっきりと伝えることができました。

....

◎英会話で乗り物での行き方を尋ねる表現や乗り替えに関する表現を使って、目的地に到着できるように、相手に尋ねたり答えたりすることができました。また、どの行き方がよいのか、どの表現がわかりやすいのかを考えて説明できました。

....

◎英語の物語文を読み、内容を把握するとともに、場面や登場人物の心情を表す表現を理解し、場面と心情の変化を読み取ることができました。また、登場人物の気持ちになって、表情豊かに音読することができました。

....

◎「だれもが暮らしやすい社会」について書かれた英文を読んでしっかり理解し、その内容を基にして、自分の考えや感想などをつけ加えながら、友だちと対話することができました。

....

◎英語スピーチの発表に向けて、積極的に調べ学習をして、調べた内容をわかりやすく英文にまとめました。発表の際は、聞き手を意識して、大きな声で流暢に堂々と発表することができました。○○さんのスピーチは他の模範になりました。

....

○英語の物語文を読み、登場人物や場面を理解することができました。また、登場人物の心情を表す表現を本文から見つけて、その心情の変化を考えながら、気持ちを込めて音読することができました。

○ディベートの際にかかわる表現や語句を理解し、自分の考えや意見をまとめ、教科書等を引用して、英文をつくることができました。相手にしっかりと伝わるように、大きな声ではっきりと話す練習にも力を入れました。

△英語の学習のグループ活動では、簡単なメモを取ることで友だちの意見や考えを、きちんと聞こうとする姿勢が出てきました。今後は、自分の考えや意見をグループ内で少しでも発表できるように、継続してがんばっていきましょう。

△ある場面や状況で使用する英文の表現がよくわからないときは、友だちや先生に積極的に聞いて覚えていけば、英語を書いたり話したりすることがスムーズにできるようになります。次学期の○○さんのより意欲的な取組に期待しています。

△旅行について報告する英文を読んだり聞いたりして、海外の文化や言語、旅行の楽しさを理解することができました。それについての感想を書けるようになるために、友だちや教科書の文を参考にして、まずは真似することから始めてみましょう。

■主体的に学習に取り組む態度

◎英語の学習では、自分が理解したことを友だちに確認したり、わからないところを友だちと教え合ったりする姿が随所に見られました。また、教科書に出てくるホームステイの内容を通して、異文化に対する興味関心を深めることができました。

◎英語の授業で行った「環境問題」についての話し合い活動では、班員の意見をしっかりと聞き、要点をまとめながら、自分の考えを深めました。さらに世界に視野を広げようと、本やタブレットを使い、知識を増やそうとする姿が見られました。

◎英語でのペア学習やグループ学習に積極的に取り組み、毎時間の音読活動や発音練習を大きな声でしっかりと行い、授業に活気をもたらしています。また、疑問点を見つけたらすぐ解決しようとするその姿勢は、他の模範となっています。

◎英語のスピーチ発表に向けて、自分のスピーチ練習をタブレットで録画し、改善点を見つけるとともに、友だちからのアドバイスも受けながら、何度も練習を重ねました。○○さんのスピーチの内容と堂々とした発表態度は、他の模範となりました。

◎英語の文法問題に何度も取り組み、難問にもチャレンジしていくことで、基礎・基本の習得だけでなく、応用力も確実に身につけることができました。また、自ら課題を見つけ出し、克服しようと努力する姿は、他の模範となっています。

◎ ALT との英会話テストに、帯活動で行っているスモールトークの練習の成果が見られます。迅速にかつ正しく相手からの質問に答えたり、自分の言いたいことを伝えたり、相手に質問したりと、既習事項をふんだんに使って会話をすることができました。

◎英語学習のプレゼンテーションでは、友だちや先生からのアドバイスを基に、辞書を用いて原稿を書き直したり、話す内容や話し方に工夫を凝らしたりすることができました。目標に向かって、努力を惜しまず最後まで粘り強く取り組んだ姿は大変立派です。

○英語の授業で行った環境をテーマとしたゴミ問題についてのグループでの話し合いでは、教科書から参考となる英文を見つけ出し、自分の意見として、相手にしっかりと伝えることができました。

○友だちの英語の学習方法を取り入れようと、スピーチの上手な生徒を手本としたり、ALT の先生の真似をしたりしながら、自分に合った方法を見つけることができました。スピーチ練習を重ねた結果、自信をもって発表することができました。

△間違うことを恐れずに、友だちとインタビュー活動を行っていく中で、英語でのコミュニケーションに対する苦手意識が少しずつなくなってきました。次学期は、ALT の先生とも会話を楽しめるよう、使える会話表現を増やしていきましょう。

△世界遺産について友だちと協力して調べ学習を進めていく中で、英語の学習に興味をもてるようになってきました。わからないところを友だちに教えてもらったり、自分の考えや意見を友だちに伝えたりできるようになるとさらによいですね。次学期の取組に期待しています。

△わからないところを辞書で調べたり、先生や友だちに聞いたりすることができました。また、苦手意識を克服しようと、ノートに何度も単語や本文の英文を書いて覚えようとするなど、努力の姿勢にすばらしいものがありました。

生活

学習

特別活動

特別なニーズ

特別の教科　道徳

●友だちの考えに触れて考えを深めることができた生徒

　自分自身を見つめ直す学習では、目標をもって努力する人や困難にくじけず目標達成を目指す人の姿に触れ、友だちの意見を聞き、自分の考えを深めることができました。「自分が決めたことを毎日続けることは本当に大変だけど、自分の成長につながる」という考え方ができるようになりました。

　前半で授業の中の顕著な学習のプロセスについて述べ、後半で道徳性の成長について記述しています。

●ペア学習での対話から道徳性の成長が見られた生徒

　「夢の実現」というテーマの学習では、ペア対話を何度も繰り返す中で、夢を実現させるためには、何度も挫折や失敗があり、そこに人間としての成長があるということに気づきました。特に、黒田博樹選手の生き方に強く共感し、自分も同じような粘り強い生き方をしたいと考えるようになりました。

　ペア学習の対話で学んだ生き方について、具体的な道徳性の成長を示す発言や道徳ノートやワークシートへの記述を基に表現した評価文例です。

●ファシリテーションに積極的に取り組んだ生徒

　「いのち」に関わるテーマの学習において、ミニホワイトボードを使った話し合いで進んでファシリテーターを務め、班員の考えを効果的に引き出しました。さらに、生死だけを考えるのが生命尊重ではなく、生きている自分たちが幸せになるために自分を生かすことも「いのち」を大切にすることだと考えるようになりました。

　授業中に行われる小集団でのファシリテーション中の生徒の発言や活動を具体的に捉え、その成長を記述することができるよう意識して机間指導をしましょう。

●「心情円」を活用して考えを深めた生徒

　登場人物の心情の変化や葛藤を考えるための「心情円」をペア対話の中で効果的に活用し、主人公の思いや生き方を自分自身に投影しながらより深く考えることができるようになりました。

　心情円や簡易アナライザーなどを活用した際の学習状況を示す評価文では、その教具をどのように活用したかを具体的に記述することが大切です。

●様々な視点から考えることができるようになった生徒

　「支える」をテーマとした学習では、小集団での話し合い活動を通して、様々な視点から考え、「親切はだれもがうれしいと感じるものであり、積極的に人のために行動したい」と思うまでになりました。特に、教材「不自然な独り言」の学習では、人に対して優しさをもって行動することの大切さに気づくことができました。

　評価文の最後に具体的な授業の中での成長を示すようにすると、保護者や生徒は、具体的にどのような成長があったかを知ることができます。

●多面的・多角的な考え方ができるようになった生徒

　「自分を見つめる」をテーマとした学習では、ワールドカフェ形式の対話を通して、実際に自分が取ることができる行動を多面的・多角的に考え、困難を受け止め努力し続けようという思いをもつまでになりました。特に、「七宝の里」の教材では、継続することの大切さについて、学級全員の前で意欲的に発表しました。

　多面的・多角的な考えをさせるには、ファシリテーションやワールドカフェのような対話が必要になります。所見の中にもそのことを織り交ぜています。

●教材中の主人公の生き方に自我関与することができた生徒

　「いのち」をテーマとした学習では、真剣に資料を読み、主人公の行動を自分自身に置き換えて考え、かけがえのない生命を尊重することの大切さに気づくようになりました。特に、「国境なき医師団」の教材では、「自分だけでなくまわりの苦しんでいる人の命もかけがえのないものであり、支えていきたい」と発言していました。

　教材中の主人公や登場人物の言動や生き方を自分自身に投影して考えることができる生徒の評価文例。それにより、どのような成長があったかを記述します。

●役割演技を通じて心情理解を深めるようになった生徒

　登場人物になりきって即興で演技をする活動を通して、自分の思いをセリフに込めて演じきることができるようになり、心情面を深く考えるようになりました。また、演技をしていないときは、演者のセリフに集中して傾聴することができていました。

　役割演技という言葉は一般的ではないので避けるようにしましょう。ここでは、演技を通してどのような学習状況の変化があったかに絞って記述例を紹介しました。

●他者理解において成長が見られた生徒

「人との関わり」をテーマにした学習では、友だちの発言をよく聞き、自分とは異なる考えにも真剣に耳を傾けることができるようになりました。友だちの何気ないひと言が大きな力になることもあるし、だれかを傷つけることもあるという発言からは、相手を思いやる気持ちが大事だということにまで気づいたことが伺えます。

生徒の成長を把握するために、ポートフォリオをよく利用しますが、授業中の発言や表情なども観察して記録することで、評価に生かすことができます。

●共感的な姿勢で傾聴することができるようになった生徒

話し合い活動において、ファシリテーターとして相手の意見を聴き、オープンクエスチョンを使いながら班の話し合いを深めることができました。そうした対話を通して「夢とは将来の自分の目標なので、それを叶えるために今の自分が努力することが大切であることに気づいた」と記述するまでになりました。

道徳の評価では、どのような学習状況があり、どのように道徳性の成長に結びついたかを具体的に関連づけて記述することが大切です。

●Cの視点についての道徳性の成長が見られた生徒

授業の中でp4c（子どものための哲学）による対話を重ねることにより、自分の考え方の狭さに気づき、集団や社会との関わり方に対する考え方が大きく変わってきました。そして、「だれもが集団の中で様々な人に支えられて生きており、自分もだれかの役に立っている」という意見を述べるまでになりました。

p4cは、探究をねらいとした「子どものための哲学」のことです。そうした対話の中で、A～Dの視点を絞って生徒の発言から成長を捉えることも1つの方法です。

●主人公の生き方に共感し、日々努力することの大切さに気づいた生徒

教材「負けない！　クルム伊達公子」等の学習を通して、主人公に共感しながら、自分だったらどうするかを考え、目標を達成するために、日々努力することの大切さに気づき、一日一日を大切に過ごすことの価値を見いだすまでになりました。

1つの教材名を例にあげて、どのような活動をして、どのような道徳性の成長が見られたかを大くくりで表現した評価文の一例です。

●命の尊さに関する学習で道徳性の成長が見られた生徒

　命の尊さを中心とする学習では、自分の命や動植物の命について多面的・多角的に考え、積極的に自分の意見を述べ、友だちの考えと比べながら、考えを深めることができました。自分を支えてくれる多くの人への感謝の思いと、「命はすべてかけがえのないものである」という考えをもつまでになりました。

　生命尊重を中心として、他の内容項目も含めた道徳性の成長を捉えた記述例です。一内容項目だけの記述にならないよう関連づけることが大切です。

●主に「向上心、個性の伸長」に関する道徳性の成長が見られた生徒

　向上心や個性の伸長を中心とする学習において、自分の個性とは何かについて考えるきっかけをつかむとともに、他者から見た自分のよさに気づくことができるようになりました。ポートフォリオの振り返りにも「自分のよさが少しわかってきたので、それを大切にして努力していきたい」というような記述が見られるようになりました。

　学習の状況よりも、道徳性の成長を強調したいときには、特に成長が見られた内容項目について、具体的な発言やノート等への記述を含めて伝えるとよいでしょう。

●学習前後の自分の成長を自分自身で捉えることができるようになった生徒

　１学期の学習を終え、ポートフォリオの振り返りから、学習前と学習後の自分の成長を客観的に捉えることができました。「生きる喜び」は、現状に満足するのではなく、未来の「夢」の実現に向けて努力し、向上心をもち続けることで感じられるものだと考えるようになりました。

　ポートフォリオに記載された記述を客観的に捉えさせる活動をすることにより、このような道徳性の成長を捉えることができるようになります。

●主に「希望と勇気、克己と強い意志」に関する道徳性の成長が見られた生徒

　一年間の学習を通して、友だちとの対話から「希望や夢」に対する考えを深めることができました。特に、道徳ノートの記述には、嫌なことがあっても失敗を恐れることなく、何事にも積極的に挑戦していこうという考えが多く見られました。

　一年間を見通した記述をしようとする場合には、いくつかの内容項目に絞って記述すると、生徒の成長を具体的にイメージできるようになります。

生活

学習

特別活動

特別なニーズ

●Aの視点についての道徳性の成長が見られた生徒

　自主、自律や節度、節制、真理の探究などの自分自身に関する学習では、主人公の思いや生き方をじっくりと共感的に考え、批判的な視点でワークシートに自分の考えを書くことができるようになりました。特に、教材「風に立つライオン」では、自分の信念を貫いて生きることのすばらしさを級友と真剣に議論するまでになりました。

　視点を絞った評価文の記載例です。特に学習状況に重点を置き、具体的な教材名も入れて記述することで、生徒の活動の様子をイメージしやすくなります。

●偉人を扱った教材から道徳性の成長が見られた生徒

　今学期は、マザー・テレサや石井筆子などの偉人を扱った教材の学習で、その苦悩や葛藤に共感するとともに、自分の生き方との比較をすることで、苦難を乗り越えるためには周囲の人々の支えと強い目標意識が必要であるということに気づくまでになりました。

　偉人を扱った学習では、自我関与することが難しいので、どれくらい自分の生き方に投影しているかを意識しながら評価することが大切です。

●問題解決的な学習に意欲的に取り組んだ生徒

　教材の中の問題となる場面において、どのように解決したらよいかを、友だちと議論しながら熱心に考えることができました。いじめや人種差別などの問題を扱った学習では、まずお互いがお互いを知ることから解決していかなくてはならないという考えをもつことができるようになりました。

　質の高い多様な指導法の１つである問題解決的な学習にも積極的に取り組み、問いの設定から解決までのプロセスを評価していくようにしましょう。

●写真やイラスト教材から「問い」の設定に貢献した生徒

　感受性が強く、特に写真やイラストを活用した教材の学習では、それらから感じた疑問や感動を積極的に発表し、「問い」の設定活動に大きな貢献をしました。その後の探究活動にも前向きに取り組むことができました。

　この評価文例は、問題解決的な学習における「問い」の設定において成長が見られた生徒に焦点化した記述例です。

●主に「家族愛、家庭生活の充実」に関する道徳性の成長が見られた生徒

　家族や生命の尊さ、思いやりについて考える学習では、生命の誕生のすばらしさやかけがえのない命、多くの人に支えられてきた命について深く理解することができました。自分の命がたくさんの命のつながりの中にあり、家族の優しさや愛情に対する感謝を自分の言葉で伝えたいという思いをもつまでになりました。

　家族愛は、生命の尊重や感謝、思いやりなどの道徳的価値と深いつながりをもっていることを意識し、関連させた評価文を作成するようにします。

●主に「自由と責任」に関する道徳性の成長が見られた生徒

　主に自由と責任や節度、節制、勤労について考える学習を数時間重ねることにより、他人の意見に流されず、自分で判断することの大切さに気づくとともに、自分で決めたことには責任をもって取り組もうとする意欲や態度が育ってきました。ゲストティーチャーから受けた最後のまとめでのメッセージが大きく心を動かしました。

　この評価文では、どのような道徳性の成長が見られたかを先に記述し、後半でどのような学習状況がその成長を促したのかを示しています。

●役割演技を行うことで道徳的心情を深めることができた生徒

　友情や信頼などの人との関わりをテーマとした学習では、役割を演じたり、仲間の演技を見て考えたりしながら、登場人物の心情を深く考えることができるようになりました。特に、教材「いつも一緒に」の学習では、「友人との信頼関係があれば、相手に改善してほしいことを率直に言うことができる」と発言するまでになりました。

　中学校の授業においても、役割演技は道徳的価値を追究するうえで有効な活動となります。効果的に活用し、生徒の変容や成長を評価することが必要です。

●主に「誠実」に関する道徳性の成長が見られた生徒

　教材「ネット将棋」や「裏庭のできごと」での誠実や思いやりをテーマとした話し合いを通して、なぜ正直に行動することが大切なのかということに気づくとともに、自分で善悪を判断し、誠実に行動していこうという意欲をもつようになりました。

　具体的な教材名をあげることによって、ポートフォリオと照合しながらどのような道徳性の成長があったのかを確認することもできます。

●主に「我が国の伝統と文化の創造」に関する道徳性の成長が見られた生徒

　地域や我が国の伝統や文化をテーマとした学習を数時間行う中で、地域の芸能文化や風呂敷などを扱った教材に強い関心をもちました。学習後に実際にそうした文化を体験して、そのすばらしさを実感するとともに、それらの文化を自分の手で守っていこうという意欲をもつまでになりました。

　郷土や我が国の文化に関わる学習では、実際にそれらの文化を体験させることで道徳性が高まることがあるので、体験的な学習の効果として評価する必要があります。

●「心情円」などの簡易アナライザーを有効に活用した生徒

　学級全体で話し合いを深める活動の際、「心情円」をうまく使って、友だちに自分の思いを伝え、現代的な課題の解決に向けた意識を高めることができました。特に、「国境なき医師団」の学習では、「厳しい医療環境にあっても、1つの命を救うことが人としての務めであるという考え方に共感した」と発言するまでになりました。

　「心情円」などの使用を含めた記述にすることによって、短い所見でも話し合い活動の状況が詳しく伝わる具体的な所見になります。

●主に「国際理解、国際貢献」に関する道徳性の成長が見られた生徒

　一年を通して、自分自身と日本や外国の国との関わりについて深く考えることができるようになりました。特に、教材「空と海」の学習では、社会科と関連させた学びの中で、国と国ではなく、人と人とのつながりこそが大切であると考えるまでになりました。視野が広がってきています。

　生徒の考えの深まりや視野の広がりを、他教科との関わりの中で評価していくことも大切なことです。そのためにも他教科との連携を進めることが必要です。

●講演会の学びを学習に生かしている生徒

　いくつかの講演会と関連した道徳の授業を通して、講師と自分の生き方を比較しました。夢を叶えるために最後まであきらめない姿勢の大切さだけでなく、自分だけのためでなくまわりの人のために夢を実現させることのすばらしさにも気づきました。

　講演会や総合的な学習の時間や学校行事が、道徳授業の中での生徒の成長につながることが多々あります。そうした視点でも生徒の成長を見取ることが大切です。

●主に「遵法の精神、公徳心」に関する道徳性の成長が見られた生徒

　２学期を通して、規則やきまり、公徳心についての学習を中心に、対話の中で自分の考えを積極的に友だちに伝え、振り返りの中で、「これまで自分は、学校や学級の規律やルールを守ってきたか、規律ある集団づくりのためにどのように関わってきたか」と自問自答することができるようになりました。

　生徒が学習の過程でどの視点やどの内容項目に意欲的に取り組むことができたかを自己評価などから把握しておくと、ポイントを絞った記述をすることができます。

●主に「感謝、畏敬の念」に関する道徳性の成長が見られた生徒

　感謝に関わる学習では、教材中の作文や調査データを通して、自分の中にある感謝の気持ちを見つめ直し、自分は多くの人に支えられていることを再確認するまでになりました。そして、「ありがとう」と言うだけが感謝ではなく、自分を支えてくれた人たちの気持ちにどう応えていくかが大切だという思いをもつまでになりました。

　評価は一単位時間だけで行うのではないので、成長を表す言葉として「…するまでになりました」のように、時間の経過を意識した表現を用います。

●主に「礼儀」や「相互理解」などに関する道徳性の成長が見られた生徒

　礼儀や相互理解、寛容など人との関わり方を考える学習では、p4c（子どものための哲学）などの話し合いを通して、自分とは立場や考え方が異なる相手の気持ちを感じ取りました。時と場をわきまえることや広い心で相手の意見や立場を尊重することで、よりよい人間関係を築くことができることに気づくまでになりました。

　いくつかの内容項目が関連し合って授業が進められるので、評価文についても複数の内容項目が関わり合った記述になります。

●生徒が主体となって探究する活動に意欲的に取り組んだ生徒

　年間を通してp4c（子どものための哲学）の活動に意欲的に参加し、１つの問いを考える際には相手の立場に立って多面的・多角的に考え、相手を尊重して考えを伝えることが大切であるということに気づくことができるようになりました。

　p４cなどの生徒主体の探究活動の中では、共感的な学習姿勢を身につけることができます。道徳性の成長と同様に評価しなくてはならない視点の１つです。

総合的な学習の時間

■知識・技能

● 日本の「食」をテーマとした探究学習において、コンビニや飲食店における廃棄食品の問題を調査し、深刻な状況にある中でも、リサイクルによる飼料化・肥料化や社会的弱者救済のためのフードバンク活動の存在を知ることができました。

● 人種問題にかかわる探究学習において、有色人種への差別が根強いことに衝撃を受けました。この問題には奴隷制度などの歴史的な背景があることを知るとともに、世界各国ではどのような政策がとられているかを学ぶことができました。

● アイヌ民族についての探究学習において、日本にもこうした民族問題があることをはじめて知るとともに、今もアイヌの文化を大切に守っている人がいることに感銘を受け、その文化を系統的に調べ上げることができました。

● 情報化社会に関する探究学習では、「SNS の功罪」という探究課題を設定し、SNS を使った犯罪率の高さに比べて、情報モラルにかかわる研修や情報発信が弱いことに気づき、小中学校での情報モラル学習の必要性を考えるまでになりました。

● 「20年後の未来」をテーマとした学習において、電気自動車を探究課題として設定し、AI の普及とともに、人間のかかわり方や安全性へのこだわり、新しい生活の在り方を議論していくことが求められていることを学ぶことができました。

● 環境問題にかかわる探究学習では、地球温暖化について友だちとその原因を徹底的に調査し、自分たちの生活も温暖化の1つの原因になっていることに気づき、どのように改善したらよいかをホワイトボードを使って議論することができました。

● 障害者福祉に関する学習において、障害者と対話をすることにより、障害者は手助けするものであるという既成概念が消え、ともに生きていくパートナーであるべきだという考えをもつようになりました。障害に対する見方が大きく変わりました。

● コミュニケーションに関する探究学習では、いじめが起きないようにするための人間関係づくりについて、カウンセラーから多くのことを学び、相手を知ることや共感的な人間関係を構築することの大切さについて知ることができました。

●防災に関する学習において、地域を流れる河川による水害のハザードマップを地域の方と一緒に作成することにより、身近な地域の地形と避難の関係やその在り方について様々な視点から学ぶことができました。

●ゼミ形式の課題研究では、「自然のもつ美しさ」を探究課題とし、自然教室で訪れた村の美しい自然を写真やスケッチにおさめるとともに、どのような保護の活動をしているのかについて詳しく学ぶことができました。

●地域の産業に関する学習において、地場産業である繊維産業の歴史について探究を進め、衰退してきた原因を系統的にまとめるとともに、地場産業の再興に向けて新しい政策が図られていることを知ることができました。

●将来の進路に関係する「スイーツの魅力」と題した探究学習において、実際にケーキ店でスイーツづくりに従事し、食材の選定や分量の違いが味を大きく左右することに気づき、繊細な技術が要求される仕事であることを理解するに至りました。

●職場体験を通したキャリア学習では、仕事のおもしろさや魅力を体験するとともに、一人ひとりが負う責任の大きさとそれに対する働く人のプライドを実感し、勤労の意味や働くことの意義について問い直す機会とすることができました。

●2学期に取り組んだ「地域発見学習」では、地域の特産物であるリンゴの栽培に興味をもち、自分が予想していたよりもはるかに多くの品種があり、栽培を効率よくするために ICT 等を活用した様々な工夫がされていることを学ぶことができました。

●地域の民話や偉人をテーマとした探究学習では、取材をした地域の昔話の内容を劇化するために、当時の時代背景や文化、生活様式などを詳細に調べました。その結果、この地域が当時はかなり経済的に厳しい状況にあったことを把握することができました。

●「笑い」をテーマとした探究学習において、あまりなじみのなかった落語の歴史や特徴的な語りやしぐさ、定番の古典落語などについて、大学の研究会での取材を基に学ぶことができました。また、この学習が、日本の文化に関心をもつ入口にもなりました。

■思考・判断・表現

● 日本の「食」をテーマとした探究学習において、「ダイエット」を課題として取り上げ、過食と拒食の現状をポスターセッションを通じて説明し、学年全体の生徒に毎日の「食」を見直すよう提言をすることができました。

● 民族差別にかかわる探究学習において、グループの中でのディスカッションを通じ、多民族が共生するためには、何よりも若い世代への教育こそが重要であるという結論を導き出し、個人レポートにその詳細な考えを示すことができました。

● アイヌ民族についての探究学習では、北海道の民族共生象徴空間へのオンラインによる取材を行い、アイヌ民族の子孫の方と直接話をすることができました。そして、その成果を、ミニ動画という形で全校生徒に発表することができました。

● 情報化社会に関する探究学習において、実際にダブレット端末を使ってSNSによる誹謗中傷の現状を確かめるとともに、それに対する対応がどのように行われているのかを警察の協力を得て詳しく調査することができました。詳細で見事な取組でした。

● 「20年後の未来」をテーマとした学習において、グループで協働して交通機関に関する「未来予想図」を完成させることができました。また、その制作をする中で、テクノロジーの進歩と同時に環境保全を進めることの重要性に気づきました。

● 環境問題にかかわる探究学習では、地域にある小さなため池の水を抜く作戦にスタッフとして参加し、在来種と外来種をすべて写真に記録し、生態系が大きく変化している状況についての壁新聞をつくることができました。

● 障害者福祉に関する学習では、実際に障害のある方とのp4c（子ども哲学）による対話を行うことにより、自分たちの福祉の考えは一方的なものであったことに気づき、双方向のものにしていく必要性をレポートにまとめました。

● コミュニケーションに関する探究学習では、コミュニケーションの方法をインターネットを中心にして調べ、学んだスキルを発表会の中で実演することにより、学級全体にコミュニケーションの輪を広げることができました。

●防災に関する学習において、地域の人と共同で作成したハザードマップから災害時に問題になる点を洗い出し、どのように解決するとよいかを、グループだけでなく地域の方も交えて議論することができました。

●ゼミ形式の課題研究では、学校周辺に生える雑草の特色について調査を行い、その繁殖状況をパソコンを使って詳細な分布図として完成させました。さらに、その分布図から地質の特色を予想し、夏の除草計画立案に大きな貢献をしました。

●地域の産業に関する学習では、職場体験学習で学んだ起業に必要な条件を仮想の会社づくりに応用し、地域の特産品である大根の商品をメインとした新会社を設立することができました。

●将来の進路に関係した「カメラマンの魅力」と題した探究学習では、プロのカメラマンから撮影の技術の基礎を習得し、学校周辺の風景を芸術的に撮影するという目標を立てて、意欲的に取り組むとともに、その魅力を体験から学ぼうとしました。

●職場体験を通したキャリア学習では、自分の職場体験での学びを、「働く喜び」をテーマとした臨場感のある動画にまとめることができました。撮影計画から、撮影、そして編集とすべて自分自身の手で行う実行力は、実に見事なものでした。

●2学期に取り組んだ「地域発見学習」では、地域の方言を探究課題として書籍や地域の人への取材等を通じて、約500にも及ぶ方言を小冊子にまとめ上げることができました。成果披露会での発表も、実際に方言を用いるなど、工夫を凝らしたものでした。

●地域の民話や偉人をテーマとした探究学習では、地域の偉人である三岸節子の生涯について美術館や博物館の学芸員に取材し、その結果を巨大な年表にしてまとめ上げることができました。年表は、地域の方や美術館関係者の方からも高い評価をいただきました。

●「笑い」をテーマとした探究学習では、落語をテーマとして探究を行う中でその魅力に心をひかれ、大学の研究会で指導を受けました。最後は自分で落語を披露するまでになり、「笑い」の効果を自分自身で実証しました。

■主体的に学習に取り組む態度

●日本の「食」をテーマとした探究学習において、地域によって味の志向が違う点に着目し、友だちと話し合いながら調査の内容を細かく分担し、地道ではあるものの誠実にその違いの原因を追究することができました。

●差別や偏見にかかわる探究学習において、性的マイノリティーにかかわる探究課題を設定し、これまで自分がまったく知らなかった差別や偏見に苦しむ同世代の人がいることをはじめて知り、その解決に向け、当事者への取材活動を粘り強く行いました。

●アイヌ民族についての探究学習では、その独特の文化のすばらしさに感銘を受け、自分たちの生活に取り入れることができないかと考え、グループの中心となってアイヌ文様を使ったオリジナルのマスクを製作することができました。

●情報化社会に関する探究学習において、スマートフォンのもつ可能性に着目し、その利便性を福祉の世界に生かすことができないかを考え、自分たちが考えた活用法を地域の福祉施設でプレゼンすることができました。

●「20年後の未来」をテーマとした学習では、調査や取材した内容を基にグループで協議を重ねる中で、自分とは異なる考えを柔軟に吸収して、新しいものをつくり出そうとする姿を数多く見ることができました。

●環境問題にかかわる探究学習では、ごみの問題を課題として設定し、グループの中心となって、市役所やボランティア団体の担当者に何度も取材活動を行い、自分たちの生活をどのように変えていったらよいかを具体的に提案することができました。

●障害者福祉に関する学習において、手話のもつ魅力や将来性について探究活動に取り組みました。さらに、学習終了後にも手話を学び続け、自らの発案で、学校行事の際に手話を使って障害のある方への案内をすることができました。

●コミュニケーションに関する探究学習では、ピア・サポート活動の中のメディエーションという生徒相互によるトラブルの解決法について探究し、自分自身だけでなくまわりの人に寄り添うことの大切さを実感することができるようになりました。

●防災に関する学習において、南海トラフ地震によって想定される被害が身近なものであることを強く認識し、中学生として何ができるのかを市の防災担当者を交えて議論し、防災に対する意識を高めることができました。

●ゼミ形式の課題研究において、制服に関するテーマを設定し、その歴史から現状までを丁寧に調査し、より機能的で、性的マイノリティーとの共生という課題も克服できる制服の在り方について建設的な提案をすることができました。

●地域の産業に関する学習では、地域の特産物である銀杏を使った料理を地元の飲食店と協働して開発し、実際に地域の人に提供することができました。○○さんの情熱と前向きな研究意欲が多くの人の心を動かしました。

●将来の進路に関する探究学習では、美容師の仕事をテーマとして取り上げ、見た目の華やかさとは違う地道な研修や訓練の厳しさに触れ、「働くということは、自分自身を磨き上げることである」という課題に対する結論を導き出しました。

●職場体験を通したキャリア学習において、世界と日本の青少年の自己肯定感の違いがどのように職業選択に影響しているのかを様々な資料を使って分析的に捉え、「自分のよさを生かすことができるような職業を選択していこう」という意欲をもつに至りました。

●2学期に取り組んだ「地域発見学習」では、ICT を活用して商品開発を行っている先進的なベンチャー企業の取組に感銘を受け、こうした地域の最先端技術を「町おこし」に生かしていく方法について意欲的に議論することができました。

●地域の民話や偉人をテーマとした探究学習では、小学生に聞かせたい民話ベスト3を選定するとともに、その紙芝居を作成して実際に小学校を訪問し、低学年の児童に読み聞かせをすることができました。

●「怒り」をテーマとした探究学習において、アンガーマネジメントという手法を学ぶとともに、そのマネジメントを学校中に広めるため、生徒会と連携して生徒集会の中で怒りを収める5つの技を披露することができました。

第2部
通知表の所見文例

第3章
生徒の活躍がよく伝わる
特別活動にかかわる所見文例

　本章では、特別活動にかかわる所見文例を紹介します。

　文例は、具体的なエピソードを臨場感をもたせて示すなど、生徒の活躍ぶりが保護者によりよく伝わるように表現が工夫された箇所を強調して示してあります。実際に所見を書く際の参考にしてください。

学級活動

●生活上の諸問題の解決に向けて努力した生徒

　学級内での言葉づかいの乱れやからかいの言葉に強い問題意識をもち、学級会の中で意識調査の結果を基にして解決の方法を議論するとともに、**温かい言葉を集めた掲示物を作成するなど**、人間関係における言葉の大切さをよく理解し行動できました。

●学級の問題を解決するための方法を身につけている生徒

　給食時のマナーの悪さが表面化してきたとき、**「学級の問題として話し合うべきだ」と摩擦を恐れず学級役員に進言し**、自らも話し合いがうまく運んでいくように事例を具体的に紹介しながら学級全体の意識を高めようと努力しました。

●学級の課題を見いだすことができた生徒

　日常生活の中から学級の課題を見つけ出す活動の際、**小集団の中でブレインストーミングとKJ法を使っていくつかの課題を見いだし**、分類と関連づけをするとともに、どのように解決していったらよいかまで議論することができました。

●学級会での合意形成に貢献した生徒

　学級開きにおける学級目標設定の話し合い活動では、各班から出された目標のよいところを重ね合わせて、学級全員の思いを反映した新しい目標を提案することができました。**異なる意見を束ねながら合意形成を図る姿は実に見事でした。**

●学級内で人間関係を形成しようとした生徒

　対話とコミュニケーションの学習を通して共感することの大切さを実感し、**友だちの素敵なところをたくさん探す「いいとこ見つけカード」の取組を自ら提案しました。**さらに、カードの掲示まで意欲的に行うことができました。

●自分の生活の問題点を友だちと協働して解決しようとした生徒

　学習と部活動の両立をテーマとした話し合いにおいて、**グループでミニホワイトボードミーティングを行い、イメージマップという思考ツールを活用して**、それぞれの悩みを分類、関連づけることができました。

●健康や安全について意識を高めた生徒

　「がん」に関する学習では、がんを克服したゲストティーチャーの体験談から、正しい知識をもつことの大切さを知りました。**それにとどまらず、家族と一緒に生活習慣を変えていこうと決意したことは大変立派です。**

●多様な意見から自分の意思を決定することができた生徒

　学級で行ったピア・サポートの学習では、他者の話を聞くことから人間関係がスタートしていることを知りました。また、「自分の長所」をテーマにペア対話を繰り返す中で、**自分自身に自信をもち、前向きに生きていこうと決意したことは立派です。**

●職場体験学習を学校生活に生かそうとした生徒

　職場体験を中心とした学習において、コミュニケーションの仕方や礼儀、目標に向かって努力し続ける厳しい姿勢などを学びました。それを学校生活のどの場面で生かしていったらよいかを考え、**すぐに行動に移せる○○さんの実行力は見事です。**

●防災についての意識を高めた生徒

　地域と連携した防災リーダー養成の学習では、災害時の中学生の存在の大きさを知りました。地域の方とのディスカッションや体験活動を通して、**自分たちに何ができるかまで具体的に考え抜いたことは称賛に値します。**

●学級の中の役割を自覚して活動した生徒

　学級組織の活性化を議題とした学級会の中で、自分の係がどれぐらい学級の役に立っているかを、友だちから詳しく聞くことにより、自分の活動に自信をもつとともに、**他の係と連携してさらに充実したものにしていきたいと考えるようになりました。**

●キャリア教育において成長が認められた生徒

　職場体験後のまとめの学級活動において、**体験で学んだことを「キャリア・パスポート」にだれよりも詳細にまとめる姿**から、この体験を何とか学校生活に生かしていきたいという○○さんの強い思いが伝わってきました。

●いじめの問題に取り組んだ生徒

　いじめの体験者として招いたゲストティーチャーの話に感動し、講演後の話し合い活動の中では、いじめを予防するための温かい学級の雰囲気づくりが大切と、**○○さんならではの優しさに基づく提案をすることができました。**

●学級の成長を自分の成長として捉えることができた生徒

　3学期に行った学級目標の達成状況を考える学級会では、検証委員の1人としてアンケート調査を実施することにより、学級の成長を実感するとともに、**自分自身も学級の中で大きく成長できたという実感をもつことができました。**

生活

学習

特別活動

特別なニーズ

生徒会活動

●学級委員としてリーダーシップを発揮した生徒

　学級委員として、学級内の諸問題に常に気を配りました。**特にいじめについては「絶対に許さない」と強いリーダーシップを発揮し**、様々な情報を収集するとともに、友人関係に不安を感じている生徒に積極的に優しい声かけをすることができました。

●学級役員として生活運動に主体的に取り組んだ生徒

　生徒会主催のあいさつ運動では、学級役員として、学級独自のあいさつ啓発ポスターを他の役員と協力しながら何枚も作成して教室内に掲示しました。また、**率先して校門に立ってあいさつを呼びかけるなど、理想的なリーダーの姿を示しました。**

●人権週間の取組に意欲的に取り組んだ生徒

　人権週間の取組の１つである生徒会主催の「いいとこ見つけ運動」では、自分の学級はもちろん、**他の学級や他学年の生徒のいいところも積極的に見つけ**、学級の掲示物である「思いやりの木」を満開に咲かせることができました。

●募金運動から福祉について考えを深めた生徒

　年末に行った「赤い羽根共同募金」運動では、生徒会活動のボランティアとして、地域の商店街に進んで出かけ、大きな声で募金を呼びかけました。この活動を通して**共生や共助の意義についてだれよりも深く考えた○○さんは立派です。**

●議員として生徒会活動に貢献した生徒

　年間を通じて議員の仕事に取り組み、生徒会の大きな課題であった生徒総会の創設のために、他校の実施状況の調査から必要物品の洗い出し、必要となる役割の確認まで、**あらゆることを細かく調べ上げ、総会創設の原動力となりました。**

●生徒議会の中で顕著な活躍のあった生徒

　学校美化や清掃、安全に関する生徒議会において、「現状を把握するだけでなく、問題の原因を探ることこそが重要である」と、**議論の方向性を決定づけるような発言を何度もすることができました。**議員としての役割を立派に果たしました。

●生徒総会で問題意識を高めた生徒

　生徒総会の中で議論された、生徒会のスローガン設定について、役員の説明や同級生や３年生が発言した内容を基にして、**自分は生徒会の一員として何ができるかを考え抜き、生徒総会で自分の考えを建設的に述べることができました。**

●委員会活動に主体的に取り組んだ生徒

　図書委員として、「読書週間」の活動に積極的に取り組み、「私がすすめる一冊」という取組のアイデアを出すだけでなく、他の生徒と協働してポスターを作成することができました。**おかげで図書館の貸し出し数は、過去最高の数となりました。**

$\cdots\cdots\cdots\cdots\cdots\cdots\cdots\cdots\cdots\cdots\cdots\cdots\cdots$

●生徒会のボランティアとして活躍した生徒

　生徒会主催の「海岸クリーン大作戦」にボランティアとして参加し、ごみの多さに驚くとともに、地域のボランティアの方の地元の海を守っていこうとする志に感動し、**地域の一員としてもっとボランティアを充実させたいと考えるに至りました。**

$\cdots\cdots\cdots\cdots\cdots\cdots\cdots\cdots\cdots\cdots\cdots\cdots\cdots$

●生徒会役員として活躍した生徒

　生徒会役員として、行事の企画や運営はもとより、各学級の議員との意見交換や委員会の活動状況の把握まで円滑に行うことができるように「生徒会連絡シート」を作成するなど、**生徒会と学年・学級との連絡調整にだれよりも尽力しました。**

$\cdots\cdots\cdots\cdots\cdots\cdots\cdots\cdots\cdots\cdots\cdots\cdots\cdots$

●広報活動を通じて学校の伝統について深く考えるようになった生徒

　広報委員として、生徒会の取組の様子を学校ウェブサイトに紹介する活動を３年生から引き継ぎ、広報活動を通じて地域と連携して活動を進めるという学校の伝統の大切さを肌で感じたことで、**頼もしい後継者として成長しました。**

$\cdots\cdots\cdots\cdots\cdots\cdots\cdots\cdots\cdots\cdots\cdots\cdots\cdots$

●ボランティア活動を通して意識の変化が見られた生徒

　生徒会主催の「校内美化ボランティア」の活動に進んで参加し、窓磨きを集中して行う中で、**「自分は学校の一員であり、自分の力を学校や仲間のために使いたい」**という利他の考え方をもつことができるようになりました。

$\cdots\cdots\cdots\cdots\cdots\cdots\cdots\cdots\cdots\cdots\cdots\cdots\cdots$

●異年齢交流を通して上級生としての自覚を強めた生徒

　３年生を送る会の実行委員として、１年生と一緒に劇の練習や舞台衣装づくりなどを行う中で、上級生としての自覚を強めました。**製作が遅れていた舞台看板づくりを最後まで責任をもって行った姿は、模範的な上級生像そのものでした。**

$\cdots\cdots\cdots\cdots\cdots\cdots\cdots\cdots\cdots\cdots\cdots\cdots\cdots$

●生徒会活動を通して地域貢献への意識を高めた生徒

　生徒会行事である特別支援学校との交流イベントを通して、一つひとつの活動に細やかな配慮が必要であることを知り、地域の中の弱者に対しても同様の配慮や支援をしたいという希望をもちました。**○○さんらしい視野の広さと優しさです。**

体育祭

●器具係として活躍した生徒

体育祭では、体育委員として器具係の仕事に取り組みました。はじめて経験する仕事でしたが、演技図で一つひとつ確認しながら丁寧に活動を進め、**慣れるに従い1つ先の演技まで考えながら準備を進められたのは、○○さんならではのよさでした。**

●体育祭のスローガンづくりに取り組んだ生徒

今年は議員として体育祭のスローガンづくりに挑戦しました。学校の教育目標である「挑戦」だけでなく、**2年生の学年目標である「成長」も加味して、自分たちでつくり上げる体育祭にふさわしいスローガンをつくることができました。**

●ダンス実行委員として意欲的に活動した生徒

ダンス実行委員会の一員として、昨年度の経験を生かした演技構成や振りつけ、隊形移動などを積極的に提案しました。**「和」の要素を取り入れた演出を考え、具体的な振りつけ方法を意欲的に研究するなど、陰の功労者になりました。**

●練習に意欲的に取り組んだ生徒

体育祭の全校練習では、整列や入退場、全員がそろっての行進やかけ足などの集団行動練習に意欲的に取り組みました。**周囲との調和をとることを大切にしながら、学級の中でだれよりもきびきびとした行動をとることができました。**

●準備や片づけを積極的に行った生徒

体育祭の前日準備では、保健委員として救護関係の用具を確認しました。後片づけでは、手当てした生徒のけがの記録をまとめる作業を担当して、下級生に指示しながら**丁寧に、しかも正確に行うことができました。**

●応援団員として活躍した生徒

昨年度に引き続いて本年度も応援団に参加し、新しい手拍子の方法やパフォーマンスを取り入れたウエーブの隊形づくりなどの活動に前向きに取り組み、**華麗で動きのある斬新な応援スタイルをつくることができました。**

●広報委員として役割を果たした生徒

広報委員として、放送係の仕事を責任をもって行いました。特に、演技中の実況中継では、慣れないながらも臨場感と笑いのあるアナウンスをすることができました。**○○さんのおかげで会場の盛り上がりは、例年以上のものになりました。**

●協力して練習を進めることができた生徒

　体育祭では、縦割りのブロック対抗リレーの選手となり、メンバーと何度もバトンパスの練習を重ねました。**だれよりも熱心に後輩にアドバイスするとともに、激励の言葉をかけてチームの一体感を高めました。**

●召集係として活躍した生徒

　体育委員として、選手の召集係を担当し、メガホンを使っててきぱきと選手の確認や整列、注意事項の伝達などを行うことができました。選手が来ていないときには、自ら選手を呼びに行くなど、**自主性と責任感のある行動が目立ちました。**

●ダンスの練習に意欲的に取り組んだ生徒

　体育祭の学年演技である創作ダンスでは、指の先まで意識した美しい動きを披露し、観客から大きな拍手をもらいました。**苦手なダンスを克服するために、放課後に動画を見ながら黙々と自主練習した成果が出ました。**

●会場の環境美化に努めた生徒

　体育祭の会場係として、前日には入退場門や受付の設置、机やいすの搬出などの活動を丁寧に行うだけでなく、**学校周辺のゴミ拾いや除草まで、だれに指示されるでもなく気を配り、美しい環境整備に努めていました。**

●学級委員として仲間の士気を高めた生徒

　学級委員として、体育祭に向けて学級の雰囲気を盛り上げていきたいと考え、**「集中！　全力！　いざ出陣！」という学級独自のスローガンを級友とともに考案し、**学級旗や掲示物にして呼びかけを行うことにより、士気を大いに高めました。

●学級旗づくりで活躍した生徒

　体育祭の学級旗づくりの係に進んで立候補しました。どんなデザインにするかをメンバーと何度も議論を重ね、**○○さんの独創性を生かした斬新なデザインの旗を完成させることができました。**当日はその学級旗が力強くはためいていました。

●目標をもって臨んだ生徒

　昨年度の体育祭の反省から、今年度は学級対抗リレーで確実なバトンパスをして優勝することを目標とし、**早朝練習だけでなく放課後の練習でも何度も繰り返しパスの確認をしていました。**当日はその成果が出て、見事に優勝を飾りました。

●選手決めの話し合いで細やかな配慮ができた生徒

　どの種目に出場するのかを決定する体育祭の話し合いにおいて、自分の希望をうまく伝えられない級友を気にかけ、自らがファシリテーターとなって意図的に希望を聞くようにするなど、○○さんならではの細やかな配慮をすることができました。

●集団演技の練習に前向きに取り組んだ生徒

　2年生の集団演技である大縄跳びの練習では、なかなか全員の気持ちが1つにならなかったとき、**友人とともに明るく前向きな言葉を学級全体に投げかけ続けました。**おかげで体育祭当日は過去最高の56回も跳ぶことができました。

●ダンスの練習でリーダーシップを発揮した生徒

　2年生の創作ダンスの練習では、教えてもらうだけではなく、他のメンバーと協働して新しい振りつけやフォーメーションをつくり出したり、他の生徒に教えたりするなど、○○さんらしいリーダーシップをいかんなく発揮することができました。

●控え席での応援をがんばった生徒

　体育祭当日、自分の学年の演技はもちろん、他の学年の演技が行われているときにも、**声が枯れるほどの大きな声を出したり、学級旗を大きく振ったりして、力いっぱいの応援を分け隔てなく行うことができました。**

●広報活動に尽力した生徒

　多くの人に体育祭に来ていただけるよう、広報委員としてポスターを作製するだけでなく、**地域の高齢者施設や保育園・幼稚園、公民館などに直接足を運び**、ポスターの掲示を依頼したり、体育祭の見どころを説明したりすることができました。

●救護係として感染症予防に努めた生徒

　保健委員として、体育祭の救護係を担当し、来校者へ感染症予防の説明をしたり、観覧席や受付などで消毒を徹底したりすることができました。**その動きを見ていた1年生は、○○さんが自主的に活動する姿に大きな感銘を受けていました。**

●マスコットづくりに意欲的に取り組んだ生徒

　2年生として、3年生の応援団を盛り上げるために、どのようなマスコットがよいかをメンバーと何度も話し合い、材料の調達から計画図の作成までを自分が責任者となって一気にやり遂げることができました。**3年生は大きな感動に包まれていました。**

●練習中に仲間に温かい声かけができる生徒

体育祭の障害物競走の練習で、何度やっても平均台の障害物をクリアできなかった仲間に「あわてないで、ゆっくりで大丈夫だよ」と温かい励ましの言葉をかけることができました。はじめてクリアできたときに、大きな拍手が起きましたね。

●運動が苦手な生徒に細やかな配慮ができた生徒

2年生の競争種目であるムカデ競争の練習では、自分が競技していないときにも大きな声で「がんばれー！」と励ましの言葉をかけることができました。運動が苦手な生徒には、競技のコツを丁寧に教え、自信をもたせていました。

●3年生から多くのことを学んだ生徒

応援団員として、3年生と一緒に振りつけを考えたりフォーメーションを練習したりする中で、自分の都合よりも応援団の練習を優先する先輩の姿を見て、人のために努力をすることの大切さと責任感の重さについて深く考えることができました。

●吹奏楽部の一員として体育祭を盛り上げた生徒

ブラスバンド部の一員として、体育祭のオープニングや校歌、応援合戦前のアトラクションの演奏練習に真剣に取り組み、行進と演奏のタイミングをうまく合わせられるように、何度も何度も練習を繰り返す姿が見られました。

●苦手な競技の練習に一生懸命取り組んだ生徒

2年生の学年演技である大縄跳びが苦手で、なかなか練習に身が入りませんでしたが、友人からの励ましの言葉に勇気をもらい、毎日の早朝練習に積極的に参加するだけでなく、家庭でも個人練習を行い、当日は見事第1位になりました。

●友だちと協働して練習に取り組んだ生徒

体育祭のブロックごとの応援練習では、センターで踊るダンシングチームに立候補し、自分が率先して見本を見せながら、他の生徒と協力して独創的なパフォーマンスを完成させました。だれよりも汗をかき、率先して取り組んだ賜物です。

●縦割り活動で後輩への指導を行った生徒

体育祭の縦割りブロック対抗リレーの選手として、はじめての経験で緊張している1年生に対してルールやバトンパスの方法、走り方のコツなどを実演しながら丁寧にアドバイスする○○さんの姿は、上級生としての自信にあふれていました。

合唱コンクール

●合唱曲選定で意見を発表した生徒

合唱コンクールの曲選びの話し合いにおいて、テンポや歌詞の内容、楽曲全体の雰囲気について自分の感じたことをはっきりと発言しました。**「全員で心に残るような歌詞の曲を歌いたい」という思いを学級全員に伝えることができました。**

●指揮者に立候補した生徒

1年生のときの合唱コンクールで指揮者のすばらしさに感動し、2年生では自分もやってみたいという強い思いをもちました。**その思いを忘れることなく指揮者に立候補し、休み時間や放課後の時間も有効に活用して練習を重ね、技術を磨きました。**

●伴奏者に立候補した生徒

合唱コンクールの伴奏をするのが中学校生活最大の夢で、2年生になった本年度は勇気を出して立候補しました。**夢を実現するため、学年のオーディションに向けて友だちと寸暇を惜しんで練習し、見事に伴奏者に選出されました。**

●伴奏者として合唱練習を支えた生徒

合唱練習が始まる1か月も前から黙々と伴奏の練習に取り組みました。曲の強弱やテンポの速さ、間奏の聴かせどころなどを担当の教員から積極的に学び、学級の合唱練習を伴奏の立場からしっかりと支えることができました。

●指揮者として練習でリーダーシップを発揮した生徒

合唱コンクールの指揮者に推薦され、楽譜をじっくりと読み込み、強弱や発音の仕方、発声の方法まで実演を交えながら、丁寧に指示を出すことができました。**そのリーダーシップへの級友の信頼度は高く、学級が1つにまとまることができました。**

●パートリーダーとして活躍した生徒

○○さんの安定した音程としっかりとした発声、穏やかな歌声が、学級の仲間に高く評価されました。テノールパートのリーダーとして、的確な指示を出したり、練習計画をつくったりして、練習の中身を濃いものにすることができました。

●伴奏補助として活躍した生徒

全体の前で伴奏する勇気は出なかったものの、練習時にパートリーダーを補助する伴奏補助に意欲的に取り組みました。パートごとの音程確認や合唱練習において、**指揮者を支える献身的な活動ぶりが随所に見られ、陰の立役者となりました。**

●練習に前向きに取り組んだ生徒

　歌うことが大好きで、合唱コンクールに向けた学級の練習に生き生きとした表情で参加しました。自信のない仲間が歌いやすくなるよう心配りをしたり、**その伸びやかな声をしっかりと響かせたりと、その練習態度は他の模範となりました。**

●主体的に練習に取り組んだ生徒

　合唱コンクールに向けた学級の練習において、**苦手とする合唱にもかかわらず率先して合唱隊型をつくったり、パートリーダーの注意を楽譜に書き込んだりと、**主体的に練習に取り組み、優良賞獲得に大きな貢献をしました。

●練習の雰囲気を前向きにさせた生徒

　学級がなかなか１つにまとまらず、合唱練習がうまくいかないときには、アイスブレイクのゲームをしたり、合唱に合わせてダンスを披露したりするなどして**学級の雰囲気を一変させ、全員を前向きな気持ちにさせることができました。**

●練習にうまく溶け込めない友人に配慮できた生徒

　学級内の人間関係が影響して練習に溶け込めなかった生徒に対して、**常に寄り添って温かい言葉をかけ、他の生徒にも働きかけて徐々になじめる環境を整えることができました。**おかげで当日は全員が笑顔でステージに立ちました。

●練習に意欲的に参加した生徒

　学級全員で１つの合唱曲をつくり上げるという活動が大好きで、みんなで目標を達成したいという思いから、**曲の意味やそれに込められた思いなどを自主的に調べ、級友とその内容を共有するなどして、練習を意義深いものにしました。**

●不登校傾向ながら当日参加できた生徒

　新学期以降なかなか登校できませんでしたが、合唱コンクールの課題曲が大変気に入り、**CD に合わせて家で自主練習をすることができました。**コンクール当日、学級の仲間とともにステージに立って、練習の成果を披露することができました。

●不登校傾向の友だちに寄り添うことができた生徒

　仲のよい友だちが２学期に入って登校できないことを常に気にかけていましたが、合唱コンクールを１つの機会にしようと自主的に声かけをしたり、練習 CD を使って一緒に練習したりしました。**友だち思いのすばらしい行動が輝いていました。**

●緩んだ雰囲気を引き締めることができた生徒

　学級委員として、合唱コンクールに向けた練習で、学級全体に活気ややる気が感じられないことを憂慮し、臨時の学級会を開いて学級目標や合唱の目的を再確認しました。<u>○○さんの学級を１つにまとめる努力が、大きな転換点になりました。</u>

●合唱曲イメージ画づくりに力を尽くした生徒

　各学級で作成する合唱曲イメージ画づくりの責任者に立候補し、他の生徒と協議を重ね、曲の雰囲気を大切にし、学級の目標も盛り込んだ壮大な作品を仕上げることができました。**この作品が雰囲気を盛り上げるのに大きな役割を果たしました。**

●スローガン作成に積極的に取り組んだ生徒

　合唱コンクールのスローガン作成に積極的に取り組み、**学校の目標や生徒会の目指す活動方針などを盛り込んだキャッチーで覚えやすいスローガンを数点考え**、さらに、投票を行うことで学級の取組姿勢を前向きなものにすることができました。

●掲示物を作成して雰囲気を盛り上げた生徒

　広報委員として、合唱コンクールの雰囲気を盛り上げるためのポスターや掲示物を何枚も製作し、スローガンの「チャレンジ」という言葉を学校全体に広げる役割を果たしました。**学校全体の雰囲気が一変するほど見事な掲示物でした。**

●審査員として責任をもって取り組んだ生徒

　はじめて合唱コンクールの生徒審査員に選出されました。当初は何をしてよいのかわからなかったものの、担当の先生や３年生からのアドバイスを参考に、**審査のポイントを自ら一覧表にまとめるなど、厳正な審査に責任をもって取り組みました。**

●会場係として活躍した生徒

　合唱コンクールでは会場係を担当し、主にステージ上の配置計画や準備を中心に精力的に取り組みました。特に、ナレーションや進行係の放送機器のセッティングに気を配り、**終始その場から離れることなく仕事をするなど、立派に責任を果たしました。**

●指揮者として活躍した生徒

　昨年に引き続き、本年度も指揮者に選出され、その経験を基に、<u>○○**さんの発案で、学級全体で曲のイメージを共有する話し合いを行いました。**</u>練習時には音の強弱や音程、歌詞の発音に至るまで的確な指示をすることができました。

●伴奏者として活躍した生徒

　合唱コンクールの伴奏者に選出され、当初は自分の練習がなかなかうまくいかず、最後まで演奏できない日々が続きましたが、**放課後や部活動の時間も伴奏練習にあて、集中的に練習を重ねることで、難曲を見事にマスターすることができました。**

●曲紹介のナレーターとして活躍した生徒

　合唱コンクールの学級の合唱曲を紹介するナレーターに選出されました。**練習の様子や合唱曲の紹介を原稿用紙３枚にびっしり書き込み、暗唱するために何度も何度も練習を重ね**、当日は流れるような美しいナレーションを聞かせてくれました。

●進行係として活躍した生徒

　合唱コンクール当日の進行係になり、３年生の発表の司会を担当しました。**学校で用意された進行表を自分用につくり直したり、アナウンス原稿をパソコンで作成したりするなど工夫して取り組み**、当日はミスのない完璧な進行をすることができました。

●合唱後の振り返りで自分の成長を確認できた生徒

　合唱コンクール後に、取組のポートフォリオを見て自分の活動を振り返り、「昨年と比べ、学級に対する愛情が深まり、学級のために自分の力を尽くすことができた行事だった」と、**視野を広げた自身の成長を実感することができました。**

●合唱コンクールでの取組を学校生活に生かした生徒

　合唱コンクールで、ナレーターとしてはじめて人前に立つという経験をしました。**この経験を機に、マイナス思考をしがちな自分から脱却して、英語や音楽、道徳の授業で堂々と会話をしたり歌ったりするなど、見事な変貌を遂げました。**

●合唱コンクールでの失敗を乗り越えた生徒

　指揮者として学級をリードし、合唱コンクールの練習を進めましたが、当日ミスをしてしまいました。しかし、**そのミスを自分の心の弱さと反省し、支えてくれた仲間に恩返しをするため、３年生を送る会の指揮者に立候補する強さを見せました。**

●ソリストとして活躍した生徒

　歌唱力が評価され、合唱コンクールでソリストに選出されました。**「自分が目立つためではなく学級の合唱を引き立てるための役割だ」**と自覚し、調和とバランスを考えながら見事な歌声を披露しました。

●学級の企画会議で活躍した生徒

学校祭の学級企画会議において、歴史で学んだ内容を劇にしたいと発案しました。2回目の会議では幕末の池田屋事件を題材とした劇の案を具体的に提案し、**級友から絶賛されるとともに、劇の責任者として推薦されました。**

●学級の劇の練習に集中して取り組んだ生徒

学校祭で披露する劇において、昨年に引き続き役者として推薦されました。セリフを覚えるだけでなく、顔の表情や動作にもリアルな感情が表現されるよう鏡を見て何度も練習するなど、**昨年の経験を生かした取り組みぶりは見事でした。**

●ダンスチームの一員として活躍した生徒

学級で取り組んだダンスパフォーマンスの練習において、リーダーに立候補しました。**音楽に合わせた体の動きを事細かに説明したり、全員の前で実演したりするなど、他の生徒の模範となって学級全体のレベル向上に献身的な働きをしました。**

●スポーツイベントの企画や運営に尽力した生徒

学年で実施することとなったスポーツイベントの実行委員になりました。ニュースポーツであるインディアカを導入したり、表彰用のメダルを用意したりと、**〇〇さんならではの様々なアイデアで、イベント成功に大きな貢献をしました。**

●目立たないが活躍が認められた生徒

学級で取り組んだ道徳小話劇のナレーターになりました。**滑らかなナレーションができるよう発声練習を繰り返したり、原稿に注意事項を徹底的に書き込んだりと努力を重ね、成功の陰の立役者になりました。**

●学年全体の活動においてリーダー性を発揮した生徒

学校祭のフィナーレで行う3年生とのエール交換は、2年生の代表としてエールの内容を考え、学年全体の練習では大きな声で全員をリードし、**自信に満ちた態度と指示で見事なエールを完成させることができました。**

●環境整備に力を尽くした生徒

学校祭ボランティアとして意欲的に活動しました。会場内の清掃だけでなく、**トイレや手洗いを何度も繰り返して磨いたり、スリッパー足一足を水拭きしたりする姿から、学校祭を絶対に成功させたいという強い思いが伝わりました。**

●発表用動画作成で活躍した生徒

　学校祭で行う学級の劇を動画で作成することになり、得意なパソコン操作の技術を生かして、撮影から編集までの段取りを１人で行いました。**BGM やナレーションまで入れる工夫などは、○○さんだからこそできた、すばらしい貢献でした。**

●展示用のマスコットづくりに尽力した生徒

　地域の高齢者の方と一緒に取り組んだ手芸のマスコットづくりにおいて、はじめての経験とは思えないほどの器用な手つきで作品を仕上げました。学校祭の作品展示では、<u>○○さんの作品がひと際大きな存在感を放っていました。</u>

●ステージ発表で活躍した生徒

　生徒会が企画した有志によるステージパフォーマンスのコーナーに進んで応募し、持ち前の明るさとユーモアを生かして漫才にチャレンジしました。本物の芸人をパロディ化したネタを友人と一緒につくり上げ、**会場を笑いで包みました。**

●準備で活躍した生徒

　学校祭実行委員として、３年生とともに全体会場の進行計画づくりを担当しました。**３年生から計画の立て方を学ぶだけでなく、新しいアイデアも積極的に進言するなど、○○さんらしさを発揮した活躍が随所に見られました。**

●ステージ発表で見事なパフォーマンスをした生徒

　吹奏楽部の一員として、学校祭のオープニングアトラクションの演奏に参加し、得意のトランペットのソロパートを高らかに演奏することができました。**毎日放課後に担当の先生とマンツーマンで練習した努力が見事に実を結びました。**

●ブース発表で活躍した生徒

　有志の生徒で取り組んだ学校祭のブース発表において、地域の名産品である「れんこん」をテーマとした発表を行いました。地域の和菓子店と連携して何度も試作を重ねた新商品のレンコン大福の販売を行い、<u>地域に対する愛着を強めました。</u>

●作品展示の作品制作に尽力した生徒

　学校祭の中で行われた作品展示に、部活動で制作した版画を出品することができました。この作品を制作するにあたって、学校祭のテーマを作品のモチーフとし、**何度も何度もデザインを練り直すなど、妥協のない創作活動を展開しました。**

職場体験学習

●**事前学習に真剣に取り組んだ生徒**

　職場体験学習の事前学習で、体験先の自動車販売店取り扱い車種をすべて調べるとともに、車のメカニズムについてもインターネットなどを活用して細かく学習しました。当日は、**販売店の方が事前学習で得た知識の深さに驚かれていました。**

●**協働して事前学習に取り組んだ生徒**

　職場体験学習の事前学習では、班員と協働して消防士の仕事について、調べ学習に取り組みました。調査結果をパソコンを使ってプレゼン資料としてつくり上げ、**体験時の質問内容をより深いものにすることができました。**

●**事前の訪問計画を丹念に練り上げた生徒**

　職場体験学習の事前訪問について、電話での依頼の仕方や、訪問時の質問事項、体験時の学習計画などを班員と何度も協議しました。**グループの中心となって綿密な訪問計画を立て、当日のスムーズな打ち合わせに大きく貢献しました。**

●**礼儀正しく行動することができた生徒**

　職場体験学習において、**訪問先の係の方から「あいさつがさわやかで元気がよく、返事もハキハキとしていてすばらしい」という言葉をいただくほど礼儀正しく、**相手のことを考えた行動をとることができました。

●**能動的に参加することができた生徒**

　飲食店での職場体験学習では、だれよりも早くひと通りの活動ができるようになりました。さらに、食器の片づけだけでなく、**皿洗いや厨房の清掃など次々と仕事を探すなど、意欲的な働きぶりが輝いていました。**

●**体験の中で工夫することができた生徒**

　コンビニでの職場体験学習では、接客の仕事を担当しました。笑顔で丁寧にお客さんに対応するだけでなく、**相手に合わせて、とりやすいように商品や釣銭を置く場所の高さや方向を調整するなどの工夫までできるようになりました。**

●**リーダー性を発揮した生徒**

　病院での職場体験学習において、係の方へのあいさつや時間に合わせた活動、言葉づかいなどを常に意識し、**他の生徒に対しても常に意識して行動するよう何度も確認するなど、リーダー性をいかんなく発揮しました。**

●消極的な友だちに温かく接することができた生徒

　建設会社での職場体験学習には、積極的に取り組めない友だちと自ら進んでグループを組みました。**常に一緒に行動したり、前向きな言葉をかけたりするなどして献身的に支え、後日、友だちにも大いに感謝されました。**

●学習に意欲的に参加した生徒

　スーパーマーケットでの職場体験学習において、体験活動を充実させるとともに、体験後に係の方に「心がけていること」や「仕事のやりがいや喜び」について次々と質問するなど、**その意欲的な取組姿勢は他の生徒の模範となるものでした。**

●まとめに主体的に取り組んだ生徒

　職場体験学習では、体験時の写真やインタビュー取材した内容、体験時の資料などをまとめに活用することを班員に提案しました。**自ら責任者になって班員とともに模造紙にわかりやすいポスターセッション用の資料を完成させることができました。**

●まとめの発表でわかりやすい説明をした生徒

　職場体験学習後のまとめ活動としてのポスターセッションにおいて、ラーメン店体験班のリーダーとして説明を行いました。**体験での学びを、原稿を見ずに自分の言葉でわかりやすく説明するなど、すばらしいプレゼン力を発揮しました。**

●まとめの発表でデジタル資料をつくった生徒

　他の班が模造紙を使った職場体験学習のプレゼン資料を作成している中、体験時の写真や動画を活用したスライドショー式のデジタル資料を作成しました。**参観者からは「わかりやすくて勉強になる」と大好評でした。**見事なアイデアでした。

●まとめの活動で協調性を見せた生徒

　書店での職場体験学習をまとめる活動では、班員が出すアイデアを具体的な活動に移しやすいように、ミニホワイトボードに思考ツールを使いながらわかりやすくまとめました。○○さんのこの工夫のおかげで、**議論が目に見えて活発になりました。**

●発表会において進行係として活躍した生徒

　職場体験学習の学級発表会において、進行係を担当しました。司会進行をするだけでなく、聴いている生徒に感想や意見を求めるなど、**発表会をアクティブで活気のあるものとして、多くの生徒が満足する発表会になりました。**

生活

学習

特別活動

特別なニーズ

部活動

●しっかりとした目標をもって活動した生徒

　3年生の引退後、「新人大会で選手として出場する」という明確な目標をもちました。投球練習や下半身強化のためのランニングの時間を多くすることで投球に安定感が増し、新人大会では目標通りレギュラーとして活躍することができました。

●転部した先の部活動をがんばった生徒

　柔道部の練習を一年間がんばってきましたが、どうしても練習になじめず、5月にソフトボール部に転部しました。まじめに練習に参加し続けることでキャッチャーとしてレギュラーの座を獲得するなど、すばらしい努力の成果が見られました。

●まじめに練習に参加し続けた生徒

　1日も欠席することなくパソコン部の活動に参加し、CGを使ったデザイン画の方法を何とか習得しようと、納得するまで何度もイメージ画をつくり続けました。**こうしたまじめな姿勢から下級生の信頼を得て、部長に推薦されるまでになりました。**

●下級生に親身になってアドバイスした生徒

　バレー部の副キャプテンとして、1年生への指導を進んで担当しました。パスやレシーブ、サーブ等の基本的なフォームや動きを、実演を交えながらわかりやすく丁寧に教え、**1年生から絶大な信頼を得るまでになりました。**

●仲間に寄り添うことができた生徒

　友人と一緒に卓球部に入部し、切磋琢磨しながら練習を進めました。技術面で大きな差が出ても、**「一緒にダブルスに出場する」という目標をかなえるため、苦手なプレーができるようになるまでずっと寄り添って練習に励みました。**

●部を1つにまとめ上げた生徒

　部内の人間関係がうまくいかず悩むこともありましたが、自分が溝を埋める役になろうと決断し、話をよく聞くことから始め、苦しみながらもチームを1つにまとめ上げました。**その手腕は新チームのキャプテンに推薦されるという形で評価されました。**

●チームの和を考えて活動した生徒

　チームの中で最も持久力があり、駅伝の選手に選出されました。黙々と練習に打ち込むだけでなく、襷がうまくつながるよう選手間でミーティングを何度も行うなど、**チームの和を考えた行動を率先してとれる姿が、実に見事でした。**

●厳しい練習に耐えてレギュラーとなった生徒

　1500m走の選手として陸上部の練習に意欲的に参加し、夏の炎天下の苦しく厳しい練習にも弱音を吐くことなく取り組みました。**秋の新人大会で周囲が驚くような大会記録をマークしたことは、○○さんのこのひたむきな努力の賜物です。**

●レギュラーになれなくてもサポートに徹した生徒

　毎日の練習にまじめに参加し、新人大会への出場を目指していましたが、残念ながらレギュラーにはなれませんでした。**それでも決して落胆することなく、選ばれた生徒への応援や練習でのサポート役を進んで引き受け、だれよりチームに貢献しました。**

●気持ちを切り替えてけがを克服した生徒

　新人大会前に大きなけがをして、残念ながら大会には出場できませんでした。しかし、**すぐに気持ちを切り替え、下半身の筋力を落とさないよう黙々とランニングに取り組んで持久力を維持することで、**回復後すぐに練習に合流することができました。

●キャプテンとして活躍した生徒

　常に前向きな姿勢で部活動の毎日の練習に取り組みました。**全体を視野に入れた声かけや大きな声での指示が評価されて、３年生引退後に部員全員からキャプテンとして推薦され、**その期待に応えて見事なリーダーシップを発揮しました。

●技術が飛躍的に向上し大会で活躍した生徒

　２年生になって、体格が大きくなるのと同時に、**ストロークのスピードが飛躍的に速くなり、ダブルスの後衛として攻撃的な攻めができるようになりました。**秋の新人戦では、日頃の練習の成果を発揮して個人戦でベスト８にまで進むことができました。

●準備や片づけがしっかりできる生徒

　準備や片づけは下級生の役割になったにもかかわらず、今も変わらず準備や片づけに率先して取り組み、下級生に対して「道具の準備と同時に心の準備も大切である」ということを身をもって示しています。

●地道に練習に取り組み技術を高めた生徒

　部活動の時間には、**どのような練習であっても手を抜くことなく全力で取り組み、毎日欠かさず参加することができました。**家庭でも筋力トレーニングや素振りに時間を割き、コツコツと努力を積み重ね技術を高めることができました。

第2部
通知表の所見文例

第4章
特別なニーズがある生徒の
ための所見文例

　本章では、特別なニーズがある生徒を想定した所見文例を紹介します。

　文例は、「学習面の困難」「行動面の困難」「対人面の困難」の3タイプに分類されています。一つひとつの文例に注意事項を付記していますが、生徒のつまずきの原因や状況は多様です。文例をそのまま使用したり、断定的な内容の所見を書いたりしないように、十分留意してください。

学習面に困難が
ある生徒

●集中して書き続けることが苦手な生徒

　国語の書き取りや英語の文章作成の際、目標をもって丁寧に取り組むことができました。やや集中力が途切れたときは、書く視点を示すだけで、再度取りかかったり、自ら仲間に聞きに行ったりする姿が見られるようになりました。

　目標をもって意欲的に取り組み始めたことを認めるのが大切です。生徒によって集中力が途切れる場面は様々です。いくつもの手立てをもって端的に示すことで、多様な効果が表れていることを伝えると、保護者の安心につながります。

●漢字を書くことが苦手な生徒

　漢字の練習では、文字が練習プリントの枠にきちんと収まるように、自分で気をつけて書くことができました。また、枠を外しても、適度な大きさで整った漢字を書いています。他の教科の字体にも丁寧さが見られます。

　苦手とするパターンを把握し、その生徒に合った学習方法を指示することが大切です。さらには、繰り返し学習する頻度や次のステップを用意し意欲づけしていくことも必要です。他の教科への広がりも示すことで生徒にも自信がつきます。

●計算問題が苦手な生徒

　計算問題を解く場面では、仲間の助言から間違っているところに気づき、自分で正しい答えを考えてノートに書くことができました。さらには、類似問題をいくつか解くことで、同様の間違いを起こさないように注意する姿も見られました。

　計算問題を苦手とする生徒は、仲間から助言を受ける場面をつくる、類題を多く解かせるなどの手立てを取り、生徒が着実に取り組んでいる姿を伝えることが大切です。このことが苦手を克服するきっかけになります。

●理科の観察活動が苦手な生徒

　細胞を観察する活動では、顕微鏡を使って熱心に観察を行い、観察した様子を色鉛筆を使って丁寧に書き写すことができました。違う種類の細胞がないかとプレパラートを替えて観察し続ける姿も見られました。

　観察を苦手とする生徒は操作に抵抗がある場合があります。いくつかの観察対象を準備することで、発見する喜びをもたせることが大切です。

●朗読が苦手な生徒

　教科書を音読する場面では、文字を丁寧に追いながらゆっくり確実に読んでいくことができました。特に物語文では、主人公のセリフの部分を、大きな声で感情を込めて読むことができました。

　まずは、文字を追うことなど苦手さのある学習に丁寧に取り組んでいる具体的な様子を認めることが必要です。生徒によっては、さらに口の開け方や声の大きさなどを認めることも大切です。

●調べ学習が苦手な生徒

　世界の様々な国について調べる活動では、図書館を利用したりインターネットで検索したりして、自然の様子や人口、産業についてまとめることができました。さらには、その国の歴史にも興味を示し、成り立ちなどを調べることもできました。

　学習の基本である、自分で調べる活動を取り入れることが大切です。その際に、視点を示すことで、調べたことがまとめやすくなります。また、調べ終えてから別の視点を与えることが、意欲的に学習することにつながります。

●自己紹介活動を苦手とする生徒

　英語で自己紹介を行う活動では、学習した文型に自分の名前を当てはめて自己紹介の英文を考え、発表することができました。仲間との交流活動になると、自ら動きだし、身ぶり手ぶりを交えて表情豊かに伝えることができました。

　人前に立ち表現することを苦手としている生徒には、まずは伝える内容をしっかりと理解させてから活動に取り組ませることが大切です。身ぶり手ぶりといった表現ができた場合には、その事実を認めることが自信につながります。

●作業活動が苦手な生徒

　家庭科の調理実習では、安全に気をつけながら、包丁を上手に使って野菜を切り分け、用意した皿にきれいに盛りつけることができました。技術の本立ての制作では、両刃のこぎりの使用目的を理解し、丁寧に木材を切断することができました。

　道具を用いた作業を行う際は、安全への配慮や使用目的を明確に理解させることが大切です。ここでは、仕上がりのきれいさや作業の丁寧さを評価しています。

●グラフ作成が苦手な生徒

一次関数のグラフの作成では、x と y の値に対応する点を1つずつ丁寧にグラフ用紙にかくことができました。また、理科の実験の記録からグラフを作成する際も、数学の学習を生かし、素早く正確にかくことができていました。

まずはグラフ作成の基本に丁寧に取り組んだ数学の学習での様子を認めます。その学習を他教科で生かした場合、より速く正確にできるようになったことを見取り、評価することで、グラフ作成への抵抗感が少なくなることが期待できます。

●対話活動が苦手な生徒

海外旅行先での場面を想定した英会話の練習では、ALT の先生と楽しく会話をすることができました。さらに、自分が次に旅行したい場所について、資料や写真を用いて仲間と積極的に対話することができました。

英語でも対話を苦手としている生徒は少なくありません。そういった生徒のために、素材を工夫することが大切です。旅行だけでなく、好きな食べ物やスポーツなど、生徒の関心をつかんで提示することがポイントです。

●練習することを嫌がる生徒

体育のリレー練習では、「バトンを絶対に落とさない」という目標を立て、仲間とともによい点や改善点を指摘し合いながら練習を繰り返しました。そのおかげで、バトンを落とさない工夫を見いだし、タイムを短縮することにつながりました。

嫌がる生徒に無理に練習をさせるのは逆効果になります。目標をもたせ、仲間とともに取り組ませる場面が必要です。仲間からの励ましが、あきらめることなく続けていこうという意欲につながります。

●地道に取り組むことを苦手としている生徒

身近な人物を絵で表現する活動では、モデルとなる友だちの顔をよく見て、髪形や顔の形などをかき写していくことができました。さらに、明暗をつけたり、色調を整えたりすることを通して、納得のいく作品を完成することができました。

具体的な手立てがあると、飽きることなく地道に進めることができます。さらに工夫する点を示すことで、作品づくりに意欲をもつことができます。

●発表が苦手な生徒

　発表を最初からあきらめるのではなく、答えられる発問に対しては、積極的に挙手をしようと意識し、発表回数が増えてきました。さらには、わからない部分についても「ここから先がわからない」などと、解決に意欲を示すようになりました。

　挙手を苦手とする生徒は少なくありません。最初は小さなうなずきやつぶやきから認めていくことで、その子の自信につながります。また不明点を伝えることで解決に向かおうとする意欲も認めることが大切です。

●自主学習に取り組むことが苦手な生徒

　休けい時間に、友だちと一緒に参考書を見て問題を出し合うなど、熱心に学習に取り組む姿が見られました。定期テストでは、直前まで教科書やノートを見て復習を行うなど、事前の学習にとても意欲的に向かうようになりました。

　自分１人で学習に向かうことが苦手な場合は、仲間とともにクイズ形式のように問題を出し合うことで正解を得られる場面をつくるとよいでしょう。テスト対策のときにも活用していくよう伝えることが大切です。

●ノートをとることが苦手な生徒

　苦手な教科の授業でも、集中して板書をノートに書き写し、復習に役立てる姿がありました。さらには、要点を色分けしてまとめる工夫も見られました。次回の授業の予習として役立てている姿に感心しました。

　まずは、丁寧に書き写す姿を認めることで、学習に集中する大切さを伝えます。さらには、工夫する点を指導し、できたことを認めて、ノートづくりの必要性を生徒本人に自覚させていくことが大切です。

●宿題に取り組むことが苦手な生徒

　各教科の宿題を、時間を決めてやりきるようになりました。また、わからなかったことには印をつけて、翌日学校で仲間や先生に聞き、解決する姿に向上心を感じました。授業中の挙手回数が増えたことにも意欲の高まりが感じられます。

　宿題は、いつ、どこで、どのように行うかを助言することが大切です。そのうえで、確実に行った姿を認め、励ますことで、本人の意欲につながります。

行動面に困難が ある生徒

●片づけが苦手な生徒

使用したものの片づけが苦手でしたが、片づける場所がわかるように自らシールを貼り、少しずつできるようになりました。さらには、ノートや教科書など大きさごとにそろえることの便利さに気づいてからは、さらに片づけ方が変わりました。

片づけができることは、自分にとって得であることに気づかせていくことが大切です。そして、丁寧な片づけができるようになってきた事実を認め、場合によっては、そのことがものを大切に扱うことにつながることを示すことも必要です。

●感情が表面に出てしまう生徒

落ち着かずイライラしたとき、まずは教科担任にそのことを伝え、教室からの出方や戻り方の約束を守ることで、不規則な行動自体が減ってきました。級友からの助言も少しずつ聞き入れることができるようになるなど、成長がうかがえます。

簡単にできる約束を本人と決め、それができていることを認めることは、生徒の自信につながります。1つ克服できたら、本人と確認したうえで次の指標を示すことが必要です。一気にたくさんの指示をすると、生徒は困惑します。

●興味のある内容に集中し過ぎてしまう生徒

興味のある内容に集中し、最後までやり遂げることができます。一方で、その活動に集中し過ぎてしまい、切り替えが難しい場面もありました。その解決策として「時間のめど」を設定することで、意識して取り組めるようになりました。

まずは集中した取り組みを認めることが、本人の喜びや自信へとつながります。切り替えることの必要性を説明したうえで、「時間のめど」などの方途を示すことで、意欲的に取り組むことでしょう。保護者にその対応を伝えることも大切です。

●不満を行動に表してしまう生徒

些細なことで壁をたたいたり大声を出してしまったりする場面もありましたが、トレーニングを重ね、自分の行動を自分で抑制することができるようになってきました。また言動も、時と場合に応じたものへとずいぶんと改善が見られました。

生徒と課題点を共有し、少しずつトレーニングを重ね、日常や通知表の所見で認める、ということを繰り返す指導のサイクルが重要です。

●清掃活動が苦手な生徒

　ほうきを使う際は、なるべくほこりを立てない掃き方で隅々まで行うことができました。少しずつ心を込めて掃除に取り組むことができるようになっています。掃除の後、片づける姿も見られるようになり、うれしく思います。

　清掃活動は生徒と一緒に活動することで、正しい方法をその場で指導できます。また、できるようになったことを具体的に価値づけることで、本人の大きな自信になります。保護者に対しても積極的に知らせることで安心してもらえます。

●当番活動を忘れがちな生徒

　図書委員会の活動では、4月当初と比べると、活動を忘れることが随分と少なくなりました。昼休みに図書館に行き、本の貸し出しの活動や分類番号に沿った整理整頓を積極的に行っています。また仲間への声かけも自然とできていました。

　当番活動を忘れずに行うことが難しい生徒がいますが、地道な活動がまわりの役に立っていることや、責任を果たしていることを自覚させると、本人の自信へとつながり、結果として活動状況の改善につながる場合があります。

●忘れ物が多い生徒

　4月のころは、各教科の宿題や次時の持ち物を忘れることがありましたが、メモをすぐに取るようになってからは、忘れ物が大きく減りました。また自宅に帰ってからプリント類をすぐに渡すなど、物事の順番をしっかり決めて取り組んでいます。

　忘れ物をなくすにはメモを取ることが効果的ですが、生徒によってはチェックをつけたりシールを貼ったりするなどして達成感をもたせることが有効です。帰宅後のことについては、取り組み方を保護者と共有します。

●話を聞くことが苦手な生徒

　学級でのスピーチの時間に、相手の話を聞いたりメモを取って質問したりする中で、会話の在り方を学ぶことができました。その成果として、一方的に話すのではなく、ひと呼吸おいてから話し始める姿が見られるようになりました。

　メモを取ることは、自分が話したい内容を整理することにもつながります。またそれは仲間との落ち着いた会話につながることも伝えると、生徒も自信になります。

●助言を素直に受け入れることが苦手な生徒

仲間からの助言を素直に受け入れられるようになり、自分の考えと反対の意見に対しても、穏やかに気持ちを伝えられるようになりました。また、話し合いの場面では、建設的な意見を伝えようと、メモを取り、考えをまとめる姿がありました。

仲間の話を途中で遮ってしまう生徒がいます。こういった生徒は、まずは相手の言葉を素直に受け入れることができた場面を認め、そのよさを自覚させることが大切です。また、考えをまとめる方途を示すことで、安心し落ち着いて伝えられます。

●人前で話すことが苦手な生徒

朝の会でのスピーチでは、質問に対して手短に語尾まではっきり答えることができるようになりました。さらには、強調したい場面ではゆっくり話す、身ぶり手ぶりをつけて伝える、といった工夫も見られるようになりました。

声の大きさだけでなく、緊張のあまり表情がこわばってしまいがちな生徒も見られます。長々と話すのではなく、まずは短文をはっきりと伝える場面を設定し、繰り返し行うことが大切です。身ぶりなどの視点を加えると生徒の自信につながります。

●お金の使い方が身についていない生徒

衝動買いで失敗した経験を機に、趣味に費やす費用と自分の小遣いの全額を比較するなど、計画的なお金の使い方に意識が向いてきました。また、ご家庭の協力で「小遣い帳」に記録するようになったことで、一層意識は高まってきています。

漫画やゲームを衝動買いしてしまう生徒がいます。購入したい気持ちをコントロールするためにも記録を残し、金額を比較することで、生徒はお金の使い方を考え始めます。また、お金の問題は家庭への協力依頼と保護者の理解が必須です。

●気分転換が苦手な生徒

休み時間には仲間と運動場に出て、よく体を動かし、気分転換を上手に図り、その後の授業に集中して取り組んでいました。時には、興味のある歴史の本を読むことで、自分1人でも気分を落ち着かせ、次の活動に臨む姿も見られました。

中学生ともなると、気分転換の方途は様々です。自分に合った気分転換の仕方がある生徒に、別の方法を教師が無理強いしたりするのは禁物です。

●自分の意見ばかり通そうとする生徒

　修学旅行のレク係として、歌詞カードやバスレクの案を自ら示し、仲間と相談しながら準備を進めていました。司会進行の練習をする場面では、仲間の意見も取り入れて行い、旅行当日もバスレクを盛り上げることができました。

　自分の意見ばかりを通そうとする生徒には、活動の中に仲間とかかわらざるを得ない場面をつくることが必要です。そうしてうまくいった成功体験を評価することで、より寛容な態度が身につきます。

●準備が苦手な生徒

　教科担任や支援員からの指示がなくても、授業や活動の準備を少しずつ自主的にできるようになりました。また終了後も、素早く片づけを行い、次の授業や活動に向けて準備や移動ができるようになってきました。

　授業準備が間に合わないことが多い生徒には、休み時間の使い方を指示することも有効です。一方で、仲間との会話も大事ですから、まずは準備をした後リラックスする時間にすると、生徒も時間の使い方を理解するでしょう。

●気持ちが落ち着かなくなることの多い生徒

　生活記録ノートには、1日を振り返り、自分の心を見つめる記述が多く見られました。楽しかったことだけでなく、気持ちが落ち着かなかった理由なども書いて、自分なりに気持ちを整理できるようになってきたことは大きな成長です。

　中学生は心の不安定さを日々抱えていますが、生活記録ノートなどにそのことを書いている生徒には、心の見つめ方を助言することも必要です。その意味からも、自分なりに見つめている事実を価値づけて所見に書くことは大切です。

●係活動に自信のもてない生徒

　「仲間への貢献ができる自分」を目指し、社会科係として活動できました。特に授業準備の呼びかけや授業後の黒板拭きなどを短い時間の中で率先して行うようになりました。呼びかける声も大きくなってきました。

　なりたい自分に向かい、その活動を地道に行っている姿を積極的に所見に書くことは、「自分づくり」への自信をもたせることにつながります。

対人面に困難が ある生徒

●誤解を招く言動をした生徒

仲間の誤解を招くような言動は、４月当初と比べてずいぶんと少なくなりました。また仲間に話しかけるときも、相手の考えを一度受け入れ、ひと呼吸置いてから話すことを意識できるようになりました。

誤解を招く言動については、具体的に改善するとよい点を指導することが必要です。さらに、日常や所見の中で変容を捉え、認めることで自覚を促すことも大切です。変容を定期的に伝えることは、保護者の安心にもつながります。

●仲間への接し方が厳し過ぎる生徒

昨年に比べ、優しい口調で仲間と接することを意識して生活するようになりました。仲間と協力して取り組む場面でも、嫌な顔をせず協力する姿が増えてきました。そうすることで○○さんのよさも理解され、だんだん友だちが増えてきています。

仲間にきつく接してしまう生徒は、本人はそのことに気づいていないことが少なくありません。共同して行う単純な係活動などを設定し、お互いに声をかける場面をつくると、口調に変化が見られるなど、自覚を促すことができます。

●相手に激高してしまう生徒

感情が高ぶったときには、自席に座り、深呼吸してから行動するようになりました。その後は、仲間に対しても普段通り接しています。一方で、感情が高ぶった理由を尋ねると「○○が嫌だった」と理由を素直に話してくれるようにもなりました。

自ら落ち着いた行動をとったことを大いに認め、自信をつけさせていくことが大切です。一方、気持ちを教師に伝えることで安心する場合もあります。学校と家庭で連携したい問題でもあります。

●言葉づかいが荒い生徒

先生に対して「おはようございます」「…です」といった丁寧な言葉を意識して話すようになりました。また、仲間の前でも、ゆっくりと穏やかに話すなど、相手を意識した話し方ができるようになってきています。

時と場に応じた言葉づかいは、将来につながる大切な人間関係の力であり、その成長が見られたときには、積極的に所見に書き、さらなる成長を促しましょう。

●仲間の助言を聞き入れられない生徒

　グループ活動では、自分のアイデアを主張するだけでなく、友だちの助言にも耳を傾け、協力して作業を進める姿が見られるようになってきました。さらに、自らが司会をする際には、異なる意見を整理し、まとめていく姿に成長を感じました。

　友だちの助言に素直に耳を傾け、それを生かすことは、簡単ではありません。よって、努力している姿をまず認めることが大切です。また、聞くだけでなく、意見を調整する役割を与えることで、一層人間関係を調整する力が伸びます。

●仲間と歩調を合わせることが苦手な生徒

　アンサンブルの発表会では、小太鼓を担当し、指揮者の腕の振りに合わせて、リズムよく演奏することができました。発表に向けたパート練習でも、まわりと意見を交わしながら意欲的に練習に向かう姿がありました。

　集団で1つのことに挑戦する場面は、協調性を磨く大切な場であり、積極的に価値づけることが大切です。また、他人に任せるばかりでなく、自らの思いを伝える場面や仲間の意見を取り入れる場面を意図的に設定することも有効です。

●仲間のために働くことができない生徒

　「何事もあきらめない自分になりたい」という目標をもち、毎日教室の机や椅子の整頓を欠かさず行うと決めて、実行することができました。また、それで満足することなく、ロッカーの整頓も行うなど、仲間のために働く力を伸ばしました。

　自分自身のことで成功体験を積ませることで、仲間のために働くことにも意識を向けさせるという指導の仕方です。仲間から感謝される場面があると、やりきったことへの充実感を体感し、本人のさらなる意欲につながります。

●相手にはっきり伝えることが苦手な生徒

　友だちがからかわれていたとき、自分の言葉ではっきりと「そういうことはダメ。やめてよ」と伝えられました。さらに面と向かって、「○○さんのことも考えようよ」と話すなど、相手を思いやった行動もできるようになりました。

　思い切って自分の意思を伝えることができるようになることは、大きな成長です。日常の中でそういう場面をしっかり見取り、価値づけることが大切です。

●仲間と活動することが苦手な生徒

　掃除の時間、友だちからの声かけに応じて、一緒に机やいすを運ぶなど協力的な姿が見られるようになってきました。また、どうすればよいか迷ったときは、自分から仲間に聞いて活動を進めることができるようになったことも大きな成長です。

　仲間とともに活動することで、達成感を感じさせることが大切です。また励ましや助言があることで、本人も安心して活動に取り組むことができます。さらには、自ら仲間に声かけも行うようになることを期待して所見を書きます。

●仲間の意見を聞き入れることが苦手な生徒

　一方的に自分の考えを主張するだけでなく、友だちの意見を聞こうとする姿が見られ、生活が落ち着いてきました。班活動を決める場面でも、互いの意見を尊重して内容を決めていくなど、協力する姿勢が見られるようになったことは大きな成長です。

　自分の意見を押し出し、仲間の主張を遮りがちな生徒には、仲間の意見を聞き「同じ点、違う点」を聞き比べさせていくことが必要です。そうする中で、仲間の意見を聞くことができるようになってきたことを価値づけるとよいでしょう。

●落ち着いて話を聞くことが苦手な生徒

　友だちや先生の話を、感情的にならずに落ち着いて最後まで聞けるようになりました。特に、合唱コンクールに向けたパート練習の場面では、パートリーダーの助言に従って、向上していこうとする姿が見られました。

　感情的になって相手の話を途中で遮りがちな生徒は、まずは落ち着いて最後まで話を聞けた姿を見つけ、認めることが重要です。その充実感を生徒が感じれば、次回も同じように行動しようとする意欲につながります。

●仲間のミスや失敗に厳し過ぎる生徒

　体育のサッカーで試合をしたとき、ミスした友だちに、「大丈夫、大丈夫」と声をかけていた姿が印象的でした。これまでは勝敗にこだわり、失敗を厳しく指摘していただけに、大きな成長です。仲間と活動することのよさに気づいたのですね。

　自分本位で仲間を責めやすい生徒には、活動の中で自然に仲間を認める場面を見逃さずに捉え、所見で評価することで、自分を見つめ直すきっかけをつくります。

●相手を一方的に非難してしまう生徒

学級のムードメーカーでユーモアがあります。学期のはじめのころは、一方的に仲間を非難してしまうことがありましたが、最近は相手の言い分をまず聞くことができるようになってきました。相手の立場に立ち、受け止める力がついてきた証拠です。

本人の人間的な成長を小さな事実を基に価値づけていくことはとても大切です。また、よい部分はしっかりと認めることも大切で、そうすることで、生徒も保護者も改善すべき点をより受け入れやすくなります。

●思いが相手に伝わらないといら立ってしまう生徒

友だちとのつき合い方が上手になり、自分の思いを、自分の言葉で伝えることができるようになりました。思い通りにならなかった場面でも、ひと呼吸おくなどして自分で気持ちを切り替え、落ち着いてから相手と接するようになってきました。

思いが相手に伝わらず、ついいら立ってしまう生徒は少なくありません。気持ちを切り替える方法として、ひと呼吸おいて話し始めるなどの工夫もあります。小さな工夫で行動を変え、少しずつ自信をつけさせていくことが大切です。

●仲間とペースを合わせて活動できない生徒

自分のペースだけで活動するのではなく、友だちの状況に配慮しながら、一緒に活動できるようになりました。特に、体育大会では、下級生の手本となるようにゆっくりと演示し、一つひとつ確かめながら進む姿に、大きな成長を感じました。

人のペースに自分のペースを合わせることは、大人でも難しいことがあります。生徒がそれを行ったときは、相手を思いやる心があるはずです。そういった部分を認め、伝えていくことで、本人の自信につなげていくとよいでしょう。

●不安定な気持ちから感情的な行動をとってしまう生徒

友だちを気づかう言葉かけができるようになり、穏やかな表情で学校生活を送ることができました。たとえ不安定な気持ちになっても、感情的な行動をとることなく、まわりを見渡しながら行動に移る余裕が出てきました。

友だちを気づかうことやまわりを見渡すことは、なかなか簡単にはできません。生徒のよい行動を捉え、一つひとつ丁寧に認めることで、成長につなげていきましょう。

不登校傾向の生徒

●始業式に体育館のギャラリーから参加することができた生徒

今年の始業式は体育館で参加することができました。何よりすばらしかったのは、自分で参加することを決めて実行したことです。この決意が、相談室での毎日の生活にも表れていて、自主学習もノートは３冊目になりました。

学校行事への参加は本人にとっての大きなハードルです。よって、自分で決めて挑戦した場面は見逃さずに評価し、本人のがんばりを担任も喜んでいることを知らせることが大切です。小さな一歩が大きな成長につながります。

●相談室登校でがんばっている生徒

相談室を訪ねると、気軽に相談室での様子を話してくれるだけでなく、ノートや作品を見せてくれるようになりました。その表情やしぐさから、毎日目標をもってがんばっている様子が感じられ、とてもうれしく思います。

相談室登校の生徒に対しては、相談室での様子を詳しく記載することが保護者にとっても安心につながります。とりわけ、相談室でも学習をがんばり、自分づくりを進めていることを事実で記載することは、本人にとっての大きな自信になります。

●苦手教科を克服するために学習に取りんでいる生徒

学校だけでなく、家庭学習でも得意とする英語の学習を継続できています。わからない箇所があると、仲間や先生に聞き、積極的に解決する姿もよく見かけました。間違いなく力はついてきています。がんばりを他教科にも広げていくことに期待します。

不登校傾向の生徒や保護者にとって、最も大きな心配事の１つが学習の遅れです。したがって、まずはがんばっている教科で力がついてきていることをしっかり認めることで自信をもたせ、他教科でのがんばりを促すことが大切です。

●読書が好きな生徒

読書が大好きで、月に数冊読み切っています。特に幕末から明治維新の人物伝に興味を示し、図書館でさらに調べるなど追究する姿勢にすばらしいものがあります。その内容を仲間や先生に進んで伝える姿が見られることもうれしいです。

本人が興味をもっていることについて通知表に記述することは、「先生は見てくれている」という安心感につながります。できるだけ具体的に書きましょう。

●係活動を継続的に行っている生徒

放課後、机の整頓及び窓の施錠確認を欠かさず行っています。自らが決めたことをやり抜く姿勢はとても立派です。おかげで、教室がいつ見ても落ち着きのある環境になっています。施錠ができていることも当番の先生から感謝されています。

どんな小さなことでも、継続してできる活動に取り組ませることは、生徒に自信をもたせるうえでとても大切です。しかも、そのことが他の人の幸せにつながっていることを感じさせることは、本人にとっても大きな力になります。

●仲間のよさを積極的に見つけることができる生徒

生活記録ノートを見ていると、仲間のがんばりやよさをきちんと認める文章が多く書かれていてうれしく思います。仲間の努力をきちんと受け止められることは、○○さんの中に、真実を見極める力と努力を認める優しい心があるからです。

生活ノートの記述を丁寧に見ていると、それぞれの生徒のものの考え方が見えてきます。とりわけ不登校傾向の生徒は、丁寧に文章を読み取ると人柄やよさがにじみ出ていることが少なくありません。積極的によさを記述し、自信をもたせましょう。

●文化祭の大道具係としてがんばった生徒

文化祭では、大道具係として桜並木の背景画を一生懸命作成しました。仲間からは、そのセンスと行動力に「さすが！」という声も上がり、本人にとっても大きな自信になったことと思います。私も、この絵のファンになりました。

学校行事等に意欲的に参加できたことは、学級復帰のための大切なきっかけになります。自分の役割を責任をもって果たす姿を記述することで、本人はもとより保護者に対しても学校生活への期待を膨らませたいところです。

●掃除の時間に一生懸命働くことができる生徒

掃除の時間は、床にひざをつけ一生懸命廊下を拭く姿が印象的でした。ものを除けて汚れが落ちるまで拭く姿は、本気で美しくしようとする心の表れで感心しています。反省会でもいつもこの真剣な姿が話題になり、○○さんの自信にもつながりました。

真面目さ、誠実さ、謙虚さなどは、不登校生徒に自信をつけさせる重要な切り口になります。努力や活躍の様子が具体的に伝わるよう、記述を工夫したいところです。

●自己表現が難しく、不安と期待が入り混じっている生徒

日本語初期教室では、いつも元気のいいあいさつに始まり、意欲的に学習できていました。率先してひらがなや漢字の練習に取り組む姿に、日本での生活に対する強い意志を感じました。学校の雰囲気に慣れ、友だちも増えてきています。

不安を抱えながらも、毎日登校できたことやそのがんばりを認めることは、本人の自信につながります。また、学習の様子や仲間との様子を伝えることで、保護者の安心や喜びにもつながります。

●日本語初期教室に入級した生徒

日本語初期教室では、1日でも早く日本語で会話ができるようになろうと、授業中には率先して挙手発言をしていました。習得率も高く、休み時間などは、ほぼ日本語で会話できるようになってきています。

外国籍の生徒にとって、日常の会話が自由にできるようになるのはとても大切なことです。よって、会話練習に打ち込んでいる様子を積極的に価値づける所見を書くと、本人にとっても保護者にとっても大きな励みになります。

●学級での居場所を見つけようとする時期の生徒

学級では仲間と楽しく学習し、取り出し授業の時間を忘れてしまうほどでした。教室においても、自分から積極的に友だちに話しかけています。ユーモアがあるので、学級でも人気者です。

楽しく学んでいる様子を伝えることで、保護者は安心します。また興味をもったものを伝えることで、学校だけでなく、家庭や地域でも同じように活動できるときもあります。そうすることで、居場所づくりにつながります。

●行事に意欲的に向かう生徒

運動会や文化祭に向けての活動に積極的に参加し、先生や仲間とともに、楽しく一生懸命に取り組みました。学級対抗バレー大会でも人一倍大きな声を出して応援するなど、仲間とともにつくり上げる喜びを感じていました。

行事は活躍がわかりやすい場面です。認め励まし、喜びを伝えることが大切です。また、がんばりの具体的な中身を保護者に伝えると安心されます。

●国際教室の様子を発信できる生徒

「国際教室の様子を学校のホームページで紹介したい」と呼びかけ、国際教室の仲間と積極的に取材し、時間をかけて内容をまとめました。日本との文化の違いベスト10など、楽しくわかりやすい内容を工夫することができました。

国際教室の様子を紹介するということは、それだけ充実した生活を送っているということです。日本の生活に単に適応するのではなく、積極的に発信をしていこうとする姿勢は、国際理解の基本であることを伝えるためにも大切です。

●職場体験学習をがんばった生徒

職場体験学習では、大好きな自動車の整備工場を希望し、がんばりました。最初はあいさつさえ緊張していましたが、積極的に質問し、汗して働くうちに、職場の方とも打ち解け、笑顔で過ごすことができました。将来に向けて一歩前進しました。

学校から離れて活動するときは、緊張し戸惑います。しかし、職場体験は将来にかかわる重要な機会です。働く姿の中によさを見つけ、所見にも積極的に書くことで、本人にも保護者にも進路選択に向けての意欲づけになります。

●日本になじみ、充実した生活ができている生徒

地域行事や文化祭において、ダンスを披露したり、料理教室を手伝ったりと、異文化理解や多文化共生の心をはぐくむ活動を推進しました。またそのときの様子を写真に収め、学校で掲示したり、地域の公民館に紹介したりしました。

外国籍の生徒も、日本になじむにしたがい、地域での行事等に参加できるようになります。外国人の多い地域では、将来を見据え、コミュニティーの一員としての社会参加も必要になるので、こういった視点から価値づけていくことも大切です。

●不安を抱える仲間への働きかけができる生徒

外国人の新入生が転入すると、休み時間はもとより、授業中には母国語で説明するなど積極的にかかわる姿が見られました。自分の苦労を友だちにはさせたくないという気持ちがあるのだと思います。その行動力に感心しました。

仲間のためにがんばれる姿は、同時に、日本の教育環境になじんでいる証拠でもあります。生徒の積極的にがんばる姿として記述するとよいでしょう。

付録
ネガポジ言い換え一覧

　ここからは、「生活編」「学習編」の2ジャンルに分けて、50音順にネガティブ表現をポジティブ表現に言い換えた例を紹介します。

　ある側面からは欠点や苦手さと見えていたことも、別の側面から見直してみると、実はその子の長所と捉えられる、ということは少なくありません。具体的な用例も豊富に示してあるので、通知表の所見に限らず、日常の言葉かけなどにもぜひ活用してください。

	ネガティブな状況	ポジティブ表現
あ	相容れない	**自分の考えをしっかりもっている** ◆用例 友だちと意見が相容れないことが多い →しっかりした考えをもち、安易に流されない芯の強さがある
	飽きっぽい	**様々なことに関心がある** ◆用例 飽きっぽい性格で、1つのことが長続きしない →様々なことに関心をもち、自分から取り組もうとする
	揚げ足を取る	**反応が早い** ◆用例 友だちの発言の揚げ足を取る →機転が利き、友だちの発言に対する反応が早い
	焦る	**熱意をもって真摯に取り組む** ◆用例 完璧にやろうという気持ちが強く、焦りやすい →何事にも熱意をもって真摯に取り組んでいる
	遊びがない	**むだがない** ◆用例 心の余裕がなく、遊びがない →何事もむだなく計画的に取り組むことができる
い	いい加減	**時に応じた対応をとる** ◆用例 自分で決めたことをいい加減にしてしまう →状況を判断し、時に応じた対応をとることができる
	意見が言えない	**他の人の意見をじっくり聞いている** ◆用例 話し合いでなかなか意見が言えない →話し合いでは他の人の意見をじっくり聞いている

	意気地なし	何事も慎重に見極める ◆用例 　意気地がなく、行動が消極的 →何事も慎重に見極めて行動している
	意地っ張り	意志が強い ◆用例 　意地っ張りで、妥協ができない →意志が強く自分を貫き通せる
	一匹狼	自立心がある ◆用例 　一匹狼的で、友だちと交わろうとしない →自立心があり、自分の考えで行動できる
	威張っている	自分に自信をもっている ◆用例 　いつも威張っている感じがする →何事にも自信をもって取り組んでいる
う	内気	他者との争いを好まず控えめ ◆用例 　内気で自分の考えを主張することがない →争いを好まず控えめな生活態度である
	うるさい	前向きな姿勢 ◆用例 　同じことを何度も繰り返すなど、うるさく感じられるときがある →大切なことを繰り返し確認しようとするなど、前向きな姿勢の持ち主である
お	大ざっぱ	細部にこだわらず、おおらか ◆用例 　細部まで注意が行き届かず、大ざっぱ →細部にこだわらず、物事をおおらかに捉えることができる

	幼い	**素直** ◆用例 　まわりの状況を踏まえない幼さを感じる →何事も素直に捉えることができる
	落ち込みやすい	**自省できる** ◆用例 　些細な失敗にも落ち込みやすい →些細な失敗にも真摯に向き合い、自省できる
	お調子者	**場の雰囲気を明るくする** ◆用例 　他人の意見に流されるお調子者の傾向がある →ユーモアがあり、場の雰囲気を明るくできる
か	変わっている	**個性的** ◆用例 　突飛な意見が多く、変わっている →独自の視点から個性的な意見を発する
	考えが浅い	**すぐに行動に移すことができる** ◆用例 　考えが浅く、拙速である →何事もすぐに行動に移すことができる
	感情の起伏が激しい	**真っ直ぐ** ◆用例 　感情の起伏が激しく、友だちから距離を置かれている →だれに対しても自分の思いを真っ直ぐ伝えようとする
	がさつ	**大様（おおよう）** ◆用例 　がさつで誤解を招くことがある →細かなことにこだわらず、大様に構えている
	頑固	**意志が強い** ◆用例 　頑固で考えを曲げない

		→自分の意志を強くもっている
き	気が小さい	**慎重** ◆用例 　気が小さく、行動が消極的 →何事もよく考え慎重に行動する
	気が短い	**取りかかりが早い** ◆用例 　気が短く、待つことができない →何事も取りかかりが早い
	気が弱い	**思いやりがある** ◆用例 　気が弱く、自分の考えを出そうとしない →思いやりがあり、他者の意見を大切にする
	傷つきやすい	**繊細な感受性** ◆用例 　他者のちょっとした言動にも傷つきやすい →優しく繊細な感受性の持ち主である
	緊張感がない	**自然体** ◆用例 　緊張感をもつべきときがある →いつでも自然体で取り組める
く	空気が読めない	**まわりに流されない** ◆用例 　空気が読めず、話し合いを止めることがある →まわりに流されずに自分の考えを述べる
	暗い	**落ち着いている** ◆用例 　いつも暗い印象がある →いつも冷静で落ち着いている
け	計画性がない	**行動力がある** ◆用例

		計画性がなく、準備不足のことが多い →思いついたことにどんどん挑戦する行動力がある
	けんかっ早い	情熱的 ◆用例 　けんかっ早く、相手に誤解されることがある →いつでも自分の思いを情熱的に伝える
こ	行動が遅い	先のことまでしっかり考えている ◆用例 　すぐに取りかかることができず、行動が遅い →先のことまでしっかり考えてから取り組む
	細かい	繊細 ◆用例 　細かい性格で、物事にこだわり過ぎる →繊細で、何事にも細部まで神経を使って取り組む
す	ずるい	頭の回転が速い ◆用例 　楽をしたい気持ちが強く、ずるいと思われがち →頭の回転が速く、何事も効率的に進めようとする
せ	せっかち	むだな時間をつくらない ◆用例 　せっかちで行動を急ぎ過ぎる →むだな時間をつくらないように迅速に行動する
た	だらしない	おおらか ◆用例 　だらしなく、大ざっぱである →些事にこだわらず、おおらかである
	短気	判断が早い ◆用例 　短気で物事をすぐに投げ出す →何事も判断が早い
な	内向的	協調性がある

		◆用例
		友だちに対して自分を出そうとしない
		→協調性があり、友だちの気持ちを優先できる
	流されやすい	調和的
		◆用例
		他者の意見に流されやすい
		→調和的で、他者の意見を尊重できる
は	反抗的	主張ができる
		◆用例
		表現がきつく、反抗的と感じられる
		→自分の考えをしっかりと主張できる
へ	屁理屈を言う	頭の回転が速い
		◆用例
		他者の言葉を素直に受け取らず、屁理屈を言う
		→頭の回転が速く、人とは別の視点から主張できる
ま	マイナス思考	慎重に考える
		◆用例
		何かとマイナス思考で考えがちである
		→どんなときも様々な状況を想定して慎重に考えている
	マイペース	自分をしっかりもっている
		◆用例
		まわりの状況に構わず、マイペースである
		→自分をしっかりもち、まわりに流されず行動できる
め	めんどくさがり	よく考え、効率的
		◆用例
		めんどくさがりで、なかなか動かない
		→何事もよく考え、効率的に取り組んでいる
ゆ	優柔不断	幅広く考える
		◆用例
		優柔不断でなかなか行動できない
		→様々な状況を想定し、幅広く考えて行動に移す

	ネガティブな状況	ポジティブな表現
あ	安直	**効率的** ◆用例 　安直な方法に走り過ぎる →効率的な方法を選択することができる
い	いい加減	**大づかみできる** ◆用例 　細かな内容に注意が届かず、いい加減 →内容を大づかみして、全体を捉えようとしている
お	応用力がない	**基礎・基本が身についている** ◆用例 　応用力がなく、難しい問題に苦手意識がある →基礎・基本が身についており、着実に問題に取り組んでいる
	思い込みが激しい	**自分の考えに自信をもっている** ◆用例 　思い込みが激しく、ミスが多い →自分の考えに自信をもって学習に臨んでいる
か	考えを述べない	**よく聞き、よく考える** ◆用例 　ワークシートに書いている考えを述べない →友だちの意見をよく聞き、よく考えている
	勘違いが多い	**発想が豊か** ◆用例 　最後まで話を聞かず、勘違いすることが多い →発想が豊かで、1つの事柄から様々なことを想起できる
き	聞こうとしない	**自信をもっている** ◆用例 　理解したと思い込み、話を聞こうとしない →自分の考えに自信をもっている

け	計算が遅い	丁寧に取り組んでいる ◆用例 　計算問題を解くスピードが遅い →計算は段階ごとに確認しながら取り組んでいる
こ	誤字が多い	漢字で書こうとしている ◆用例 　漢字の誤字が多い →学習した漢字を積極的に活用しようとしている
し	私語が多い	友だちに確認できる ◆用例 　授業中の私語が多い →気になることは友だちに確認できる
	知ったかぶり	知識が豊か ◆用例 　知ったかぶりをすることが多い →知識が豊かで、友だちにも広げようとしている
	集中力が途切れる	好奇心旺盛 ◆用例 　集中力が途切れることが多い →好奇心旺盛で何事も進んで考えようとする
	真剣さに欠ける	おおらか ◆用例 　真剣に取り組もうとしない →何事もおおらかに、ゆったりと取り組んでいる
	調べようとしない	経験を大切にする ◆用例 　資料やネットを使って深く調べようとしない →自分の経験を大切にしながら考える
す	すぐに答えを言う	意欲的 ◆用例 　問いに対して、挙手せずすぐに答えを言ってしまう

		→発問に素早く反応し、意欲的に発言する
せ	せっかち	積極的 ◆用例 　せっかちで、深く考えずに取り組んで失敗する →どんな学習にも積極的で、すぐに取組に移ることができる
ち	知識をひけらかす	知識を生かそうとする ◆用例 　話し合いで自分の知識をひけらかすことが多い →話し合いで自分の知識を生かそうとしている
て	適当	流れに合わせられる ◆用例 　話し合いでまわりの意見に適当に合わせがちである →話し合いでは流れに合わせて意見を述べている
	テストの点数が悪い	今後の成長が期待できる ◆用例 　努力がテストの点数として表れない →努力の積み重ねで今後の成長が期待できる
に	苦手意識がある	弱点を意識している ◆用例 　特定の教科に苦手意識がある →自分の弱点となる教科を意識して学習に取り組んでいる
の	ノートの文字が雑	考えることを重視している ◆用例 　ノートの文字が雑である →ノートに書く作業より考えることを重視している
	ノートをとらない	頭の回転が速く、集中力がある ◆用例 　板書を写したり考えをノートに書いたりしない →頭の回転が速く、考え出すとノートをとる必要がない

		ほど集中力を発揮する
は	発表しない	友だちの意見をよく聞いている ◆用例 答えがわかっていても発表しない →友だちの意見をよく聞いて、自分の考えをしっかり深めている
	話が長い	様々なことに思い巡らせている ◆用例 説明がダラダラとしてしまい、話が長くなる →1つのことに対して様々なことを思い巡らせて話ができる
	発言が少ない	熟慮している ◆用例 自信がないためか、話し合いでの発言が少ない →話し合いに真摯に取り組み、熟慮したうえで発言しようとする
ひ	人の意見を 聞き入れない	意志が強い ◆用例 話し合いではなかなか人の意見を聞き入れない →話し合いでは自分の意志を強くもって発言している
	人の話を 聞いていない	集中して考えている ◆用例 人の話を聞いていないので、話し合いの流れに沿わない発言がある →話し合いでは、まわりの声が耳に入らなくなるくらい集中して考えている
ま	間違いが多い	即断即決できる ◆用例 落ち着いて考えれば起こらない間違いが多い →即断即決でき、何事もスピーディーに取り組む

【執筆者一覧】

第1部　玉置　　崇（岐阜聖徳学園大学教授）

第2部

第1章　水川　和彦（岐阜聖徳学園大学教授）

基本的な生活習慣／健康・体力の向上／自主・自律／責任感／創意工夫

　　　　湯浅　良将（愛知県一宮市立浅井中学校）

思いやり・協力

　　　　田丸　陸子（福岡県北九州市立浅川中学校教頭）

生命尊重・自然愛護

　　　　堀　　将礼（愛知県一宮市立浅井中学校）

勤労・奉仕

　　　　藤永　啓吾（山口大学教育学部附属光中学校）

公正・公平

　　　　林　　雄一（愛知県一宮市立浅井中学校）

公共心・公徳心

第2章　中畑　訓子（岐阜県白川村立白川郷学園）国語

　　　　高木　良太（岐阜県白川村立白川郷学園）社会

　　　　岩田　光功（愛知県一宮市立西成中学校）数学

　　　　鈴木　大介（岐阜県白川村立白川郷学園）理科

　　　　種田　伸和（岐阜市立厚見小学校教頭）音楽

　　　　清水　也人（岐阜県教育委員会教育研修課課長補佐）美術

　　　　弓矢　敬一（愛知県一宮市立西成東部中学校）保健体育

　　　　岩田　卓也（愛知県一宮市立浅井中学校）技術・家庭

戸田　恭子（愛知県一宮市立浅井中学校）外国語
山田　貞二（愛知県一宮市立浅井中学校長）特別の教科　道徳

　　　　　　　　　　　　　　　　　　　　　総合的な学習の時間

第3章　山田　貞二（愛知県一宮市立浅井中学校長）

第4章　大坪　辰也（岐阜県高山市教育委員会学校教育課課長補佐）

付　録　玉置　崇（岐阜聖徳学園大学教授）

※所属は執筆当時

【編著者紹介】

玉置　崇（たまおき　たかし）

1956年愛知県生まれ。公立小中学校教諭、国立大学附属中学校教官、中学校教頭、校長、県教育委員会主査、教育事務所長などを経て、平成24年度から3年間、愛知県小牧市立小牧中学校長。平成27年度より岐阜聖徳学園大学教授。

文部科学省「学校教育の情報化に関する懇談会」委員、「新時代の学びにおける先端技術導入実証事業」推進委員、中央教育審議会専門委員を歴任。

著書に『先生のための「話し方」の技術』『働き方改革時代の校長・副校長のためのスクールマネジメント・ブック』『仕事に押し潰されず、スマートに学校を動かす！　スクールリーダーのための「超」時間術』『実務が必ずうまくいく　中学校長の仕事術　55の心得』『主任から校長まで　学校を元気にするチームリーダーの仕事術』（以上明治図書）、『落語家直伝　うまい！　授業のつくりかた』（誠文堂新光社、監修）、『先生と先生を目指す人の最強バイブル　まるごと教師論』（EDUCOM）など、多数。

生徒が輝く！

通知表の書き方&所見文例集　中学校2年

2021年6月初版第1刷刊	©編著者　玉　　置　　　　崇
	発行者　藤　原　光　政
	発行所　明治図書出版株式会社

http://www.meijitosho.co.jp

（企画）矢口郁雄（校正）大内奈々子

〒114-0023　東京都北区滝野川7-46-1
振替00160-5-151318　電話03(5907)6701
ご注文窓口　電話03(5907)6668

＊検印省略　　　　　組版所　株　式　会　社　カ　シ　ヨ

Printed in Japan　　　　ISBN978-4-18-382218-5

もれなくクーポンがもらえる！読者アンケートはこちらから